明智光秀

牢人医師はなぜ謀反人となったか

早島大祐 Hayashima Daisuke

NHK出版新書
608

まえがき

明智光秀《あけちみつひで》の研究は開かれている。

そもそも歴史学全体、とりわけ日本語で史料が書かれた日本史学が開かれた学問分野であるが、この傾向は、インターネット上に史料の画像データの多くが公開されるようになった、ここ一〇年のあいだに加速している。東京大学史料編纂所、東寺百合文書、宮内庁書陵部などで公開されているデータベースにより、筆者が大学院生だった二〇年ほど前と比べても史料へアクセスする利便性は格段に向上した。現在では多くの史料を見るにあたり、申請書を郵送したり、紹介状をお願いしたりせずとも、インターネットに接続するだけで、基本的な要件は事足りるようになってきている。

明智光秀の研究においても、関係史料への接続の良さは向上している。『新修亀岡市史資料編第二巻』(亀岡市史編纂委員会、二〇〇二年)に結実した先駆的な史料収集や、福島克彦氏らによる「明智光秀文書集成」（藤田達生・福島克彦編『明智光秀』八木書店、二〇一五年）、そして筆者が作成した「明智光秀の居所と行動」（藤井譲治編『織豊期主要人物居所集成』思文閣出版、二〇一一年）などに触れれば、光秀の事績の概略は把握できるようになっているからである。

これら学術的蓄積のおかげで、光秀の人物像や行動の解明は近年急速に進んでおり、主《あるじ》殺しの悪人という従来のイメージだけでは捉えられない、光秀の「実像」が明らかになってきた。京都支配を担う有能な政治家・行政官であり、豊臣秀吉《とよとみひでよし》と並び立つほど剛腕の武官でもあった、エリートとしての光秀像である。

本書の関心は、そのような彼が、いかに追い詰められていったか、なぜ謀反《むほん》を起こすに至ったかにある。本書では、具体的に光秀の知られざる出発点から、織田家中における異例のスピード出世、本能寺の変を経て天王山《てんのうざん》の合戦で豊臣秀吉に敗れ、死を遂げるまでを、根拠となる史料を提示しつつ叙述した。

その意味で、本書はこれまでの光秀研究同様、「開かれている」ことを意識して書かれたものである。すなわち、批判に対しても「開かれている」ようにありたいと願っている。

史料へのアクセスの良さは、必ずしも史料の読みやすさを意味しないから、引用史料は基本的に書き下し文に改めた。筆者の能力と、対象とする一六世紀が国語史的な転換期ということもあって、実はこれこそが最も苦戦した作業だったが、この点も含めて読者諸賢によるご批正《ひせい》をお願いしたい。

なお、本文では引用史料の典拠として、「明智光秀文書集成」所載史料は「光秀」＋文書番号、奥野高広『増訂織田信長文書の研究』(吉川弘文館、一九八八年)所載史料は『信長』と略記している。また巻末には「明智光秀の居所と行動」に基づく年表を付している。読書の一助とされたい。

明智光秀——牢人医師はなぜ謀反人となったか　目次

編集協力　安田清人（三猿舎）
校閲　北崎隆雄
DTP　佐藤裕久

序章　新時代の子供たち

医師・明智光秀

どうやら明智光秀は医者だったらしい。

光秀は、一代で台頭した人物なので、生い立ちなどについては不明なところが多い。しかし、いろいろ史料を調べていくと、彼が一時期、医師として生計を立てていた事実が浮かび上がってきた。

とはいえ、もちろん、今でいうような医者ではない。

どちらかというと、傷ができたらこの薬草を塗って、お腹が痛かったらこの薬草を煎《せん》じて飲んで、ちょっと疲れが取れなかったらここに針を刺して、といった程度であり、医学の初歩的な知識を有していたのに過ぎない。

実際、与力《よりき》として光秀に仕えていた小畠左馬進《おばたさまのしん》が戦闘で負傷した際には、次のような手紙を丹波《たんば》国で戦っていた彼に与えている(『光秀』六一)。

疵御煩《きずおんわずら》いの由、上京辺より申し越し候、如何《いか》にも御心許《こころもと》なく候《そうろう》、時分の儀候条、油断無く御養生簡要に候、今度丹波出勢の儀に付、いろいろと気遣なと候てハ、養生の儀、心元無く候、随分の医師なとにも御逢候て、養よく候ハヽ、彼国在陣の内、待ち申すべく候(中略)

九月十六日　光秀(花押)

小畠左馬進殿

御宿所

疵に苦しんでおられるとのこと、京から申してきました。心配です。もうじき冬ですのでしっかり養生してください。今度の丹波攻めでいろいろとりはからっていただいたら、養生が疎《おろそ》かになります。ちゃんとした医師に診てもらって、具合がよくなったら、私が丹波在陣の時にお会いしましょう。

この書状は、天正《てんしょう》三年（一五七五）に丹波国で前線を指揮していた家臣の小畠に宛てた書状である。配下の怪我を気遣いつつ、「随分の医師」＝しっかりした医者に診てもらえとアドヴァイスしていたほどだから、当時の医療技術からしても、光秀自身は大した技量は有していなかったことがわかるだろう。

このように光秀の医学の知識を過大に評価はできないのだが、しかしのちに織田信長《おだのぶなが》の家臣となり、台頭した要因に光秀の文官的な能力の高さがあったことを踏まえると、不十分なものとはいえ、彼が医学の知識を有していた事実は重要である。

明智光秀肖像（岸和田市本徳寺蔵。岸和田市観光課提供）

では、なぜ光秀に医学の心得があったのだろうか。

まず前提として、そもそもこの事実は何も史料にそのまま書いてあったわけではなく、史料との出会いと、それらとの少し長めのつきあいから、徐々にわかりだしたことだった。そこで光秀に医学の心得があった背景を説明する前に、この事実そのものが明らかになった経緯に触れておくことにしよう。

無年号文書の謎

ことのはじまりは、藤井讓治編『織豊期主要人物居所集成』の執筆である。その最終調整のために二〇〇九年の年始に行われた準備報告会において、筆者担当の明智光秀の居所と行動に関する報告をしていた時にまではなしはさかのぼる。

そこでは、何年何月に明智光秀がどこにいて何をしていたかを淡々と報告していたのだが、なぜこのような地道な作業を行う必要があったかというと、その背景に一六世紀における文書様式の転換があったからである。

それは公文書から年号表記が消えて、何月何日という日付表記のみになるという現象なのだが、この点について少し詳しく述べると、一五世紀までは公権力が出した文書には年号が入っていた。いうまでもなく、公文書というのは年号が入っているのである。

ところが一六世紀には、この常識が崩れはじめる。すなわち、日付は書くが年号は書かない文書が多くなるのである。

そもそも年号を記さないのは、私的な用途に用いられる書状によく見られた様式であった。このことを踏まえると、以上の変化は、公文書が私信にランクダウンしたともいいうる現象だが、これを研究上、公文書の無年号文書化というのである。

ではなぜ年号を書かなくなるのか。その理由はさまざまだが、この現象が進む一六世紀は戦国時代と呼称されているだけあって、政権がめまぐるしく交代していたことがやはり大きい。そのために時々の権力も公権力として十分な役割を果たせなかったことが一つの背景としてあったと指摘できる。

要は、かつてのようにしっかりとした公文書を作成できるような人材＝官僚制度を維持できなかったために、きちんとした公文書を作成できなかったということだ。だから書状のような簡略な文書が公文書としての役割を果たさざるをえなくなり、その結果として、無年号の公文書が多く作成されることになったのである。

行政を切り盛りする官僚制度の整備は、織田信長や明智光秀も含む、一六世紀の権力者たちが直面し、頭を悩ませた課題であるが、それはさておき、後世の人間からすれば、無年号文書は取り扱いが難しいものである。

いうまでもなく、大体この時期、この年に出されただろうということまではわかるが、厳密にはわからないからである。そのために、無年号の文書に書かれている出来事は何年に起こったのかということを比定する、年次比定の作業が研究を進める上で不可欠なものとなった。

そして、その時に参考になるのが、文書作成者の居所と行動である。具体的には、この書状は京都から出されていることが文面から読み取れるが、光秀が京都にいたのは、何年の何月何日から何月何日までだから、この文書が出されたのは、そのころであると、発給年次を絞り込むことが可能になるわけである。そのための基礎的作業が藤井譲治氏の指導のもとで大規模に行われたのである。

明智光秀と施薬院全宗

その中間報告を行っていた際にあるやりとりが交わされた。

詳細は第一章以下でも触れるが、連合政権を組んでいた足利義昭《あしかがよしあき》と織田信長が天正元年(一五七三)に袂《たもと》を分かって以降、織田政権の部将になる選択をした明智光秀は、坂本城主兼京都代官として忙しく働いていた。

坂本城主の仕事はもちろん坂本城で行っていたわけだが、京都代官としての仕事をどこで済ませていたかというと、実は天正三年まで任にあった京都代官期に、光秀は京都には自分の家を持っていなかったようなのである。

ではどこで執務していたかといえば、記録を見る限り、当時、徳雲軒《とくうんけん》と名乗っていた施薬院全宗《やくいんぜんそう》という人物の京都の家にいたのである。施薬院は「やくいん」と読み、その名の通り、医者である。

それにしても、なぜ京都にいる時に施薬院の所に泊まっているのか。この点は、当然ながら報告の場でも話題となったが、光秀が京都に宿所を構えるのは天正五年前後の時期であり、意外なことに京都代官を辞めてからであった。現実的にはよい物件がなかなか見つからなかったなどの事情があったのかもしれないが、それにしてもなぜに施薬院の家だったのかがわからなかったのである。

ホテルや旅館のない時代に、一般にどこかに泊めてもらうとなったら知り合いだろう。それを前提として、おそらく施薬院全宗と明智光秀は知己だったということまでは予想できたのだが、なぜ知り合いだったかは、その時はまだ、まるで考えも及ばなかったのである。

武士と医学

この疑問を解決する糸口となったのが、村井祐樹氏の論文「幻の信長上洛作戦」で紹介された『針薬方《しんやくほう》』という史料である。

この史料は肥前《ひぜん》熊本細川《ほそかわ》家家臣の米田《こめだ》家に残されたものであり、この文書の調査を行った村井氏によると、同書の奥書には次のような記述が残されていた。

①右の一部、明智十兵衛尉、高嶋田中籠城の時の口伝《くでん》也、本ノ奥書此の如し

②此一部、沼田勘解由左衛門《かげゆざえもんのじょう》尉殿より大方相伝、近江《おうみ》坂本においてこれを写す

永禄《えいろく》九　拾　廿日　　貞能《さだかず》

③　ニキリクタシ　留め度き時

一　ハヅ　一　イワウ

一　カンキヤウ　一　カンセウ

水ニテ手ヲヒヤシ、カンセウヲセンジテ手ヲアラウ也

まずこの史料に登場する人名から比定しておこう。

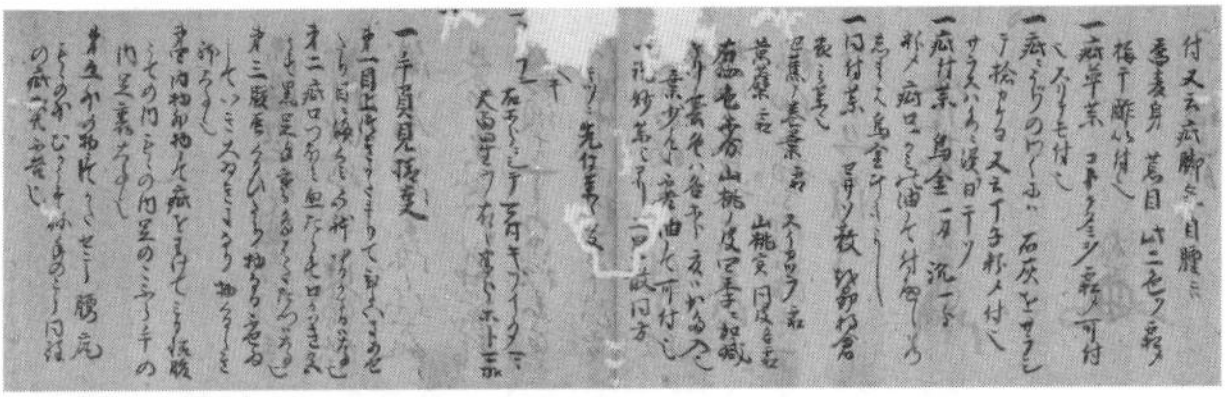

『針薬方』（個人蔵）の該当箇所

光秀から『針薬方』の「口伝」をうけた沼田勘解由左衛門尉とは沼田清長《きよなが》である。彼は室町幕府の奉公衆《ほうこうしゅう》を務めた沼田家の庶流の人物と考えられ、足利義昭の側近として仕えていた。そしてその沼田清長から『針薬方』を「相伝」された米田貞能は細川藤孝《ほそかわふじたか》の家臣であり、いずれも武士である。

以上を確認したところで内容を見ると、便宜、釈文に番号を振った通り、この奥書は、三つの記載から構成される。すなわち、

①「高嶋田中籠城の時」に「針薬方」について明智光秀が沼田清長に「口伝」した。

②永禄九年（一五六六）一〇月二〇日に坂本で沼田清長が米田貞能に「相伝」した。

という内容である。

なお、③は追加の処方であり、おそらく沼田が『針薬方』相伝に

あたり、追加として伝えた情報を米田がメモ的に記したものだろう。腹下しを止めたい時は、手を洗ってこの薬を煎じて飲めとの内容は、『針薬方』という書物が医学の秘術を書いてあるようなものではなく、「家庭の医学」的な内容であったことを端的に示している。

光秀の医学知識

『針薬方』の奥書からは、この時期の武士たちが、医学知識を熱心に学び合っていた様子がうかがえるが、これは一六世紀が戦争の世紀だったことを踏まえれば、当然の現象だった。だとすれば、光秀が医学知識を有していたのも、当時の武士のたしなみであったということも可能かもしれない。

しかし、沼田も米田も所持していなかった医学書を、光秀が既に所有していた事実はやはり大きい。加えて光秀は『針薬方』を「口伝」できるほどだったから、簡単な医学知識だったら口で諳《そら》んじられる人だったのは確かである。文字通り、医学の初歩的知識を自家薬籠中のものにしており、同時代の武士たちと比べると、一歩、ぬきんでた知識を有していたわけである。

ではなぜ彼は、ほかの武士たち以上に、医学に詳しかったのだろうか。ここに至って、先の疑問に思い当たった。

光秀は京都代官の時に、医者である施薬院全宗の所によく泊まっていた。二人が知り合いなのは推測できたが、なぜ知り合いなのかはわからなかった。しかし光秀は医学に関心が高かったとなると、はなしが変わってくる。

施薬院全宗は当時のれっきとした医者であり、のちに豊臣政権時代の秀吉から目をかけられたほどの存在であるが、医学が彼らを結びつけたのではないだろうか。もちろん、医学知識のうえでは、両者には天地の開きがあったはずだが、曲がりなりにも医学を学び合う仲間だったから泊めてもらえたのである。

医者たちとの交流

このように長年の宿題に一応のケリをつけたところで、もう一点、光秀と医者の距離の近さを示す例を提示しておきたい。それが「戒和上昔今禄《かいわじょうせきこんろく》」という史料の紹介を通じて明らかになった事実である。

詳細は後述するが、天正五年(一五七七)に大和《やまと》国の二大寺院である興福寺《こうふくじ》と東大寺《とうだいじ》が、ある裁判をした。この「戒和上昔今禄」という史料は、その際に、興福寺側の人間で空誓《くうせい》

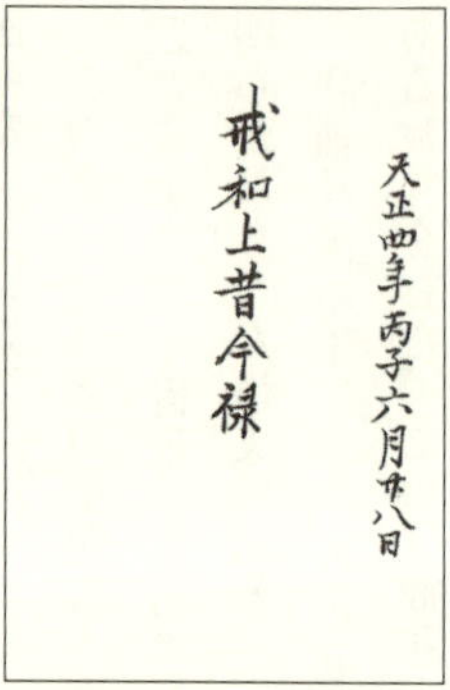

「戒和上昔今禄」(『松雲公採集遺編類纂』所収、金沢市立玉川図書館蔵)

という僧侶が備忘録として残した興福寺側の視点での裁判記録である。

空誓は、興福寺をなんとか勝ちに導きたいという思いから、織田信長の法廷に裁判を持ち込むが、その担当裁判官として特命を受けたのが明智光秀だった。

裁判は空誓たちの奮闘もあって興福寺側の勝訴に落ち着き、空誓らは坂本城にいた光秀の所にまで赴き、光秀から直接、判決とその事由を聞いた。光秀は判決理由を空誓たちに明快に話してくれたが、その際、少し気が緩んだのだろう、次の言葉ももらしていた。

ソハク《人ノ名ナリ》ニ対シテ自慢セラレテ後、茶を給テ帰了

内容は、光秀は「ソハク」に今回の裁判をしっかり裁いたことを自慢されて、茶を飲んで帰られたというものである。

ここで登場する「ソハク」とは「宗伯《そうはく》」であり、典薬方の典薬入道《てんやくにゅうどう》丹波《たんば》頼景《よりかげ》の法名で

ある。彼が出家して宗伯と名乗ったのである。

典薬方とは、その名の通り、律令国家以来、薬とその史料に詳しい人たちである。要するに彼もまた医者であり、光秀のそばにいつも医学関係者がいたらしいのである。光秀が「自慢」も含めた戯《ざ》れ言《ごと》をいうぐらいなので、彼らが親しい仲だったことはいうまでもないだろう。

ここでも医者の影が見えたわけだ。光秀は施薬院全宗や典薬入道丹波頼景と交友があり、彼らが構成していたと思われる医者のコミュニティに組み込まれていた事実が浮き彫りになる。

なぜ医者ネットワークに組み込まれているのかというと、光秀が『針薬方』程度の初期医療のマニュアルならば、頭に入っていた人物だったからである。そうすると次のポイントは、なぜ光秀は、医者たちと交友を持つなど、並の武士以上に、医学知識に詳しかったのかという点にあるだろう。

この問題については、光秀が沼田に『針薬方』の「口伝」を行った「高嶋田中籠城の時」がいつのことだったかも含めて、本書において彼の生涯を追跡する作業のなかで明らかにしていくことにしよう。

一六世紀という医学の転換点

以上、明智光秀を軸に、武士から医師までの人々が医学の知識をもとめてつながってい
く有様を見てきたわけだが、これらの事例は人々のあいだに医療知識に対する旺盛な知識
欲のあったことを示唆《しさ》している。とりわけ一六世紀は戦争が頻発したこともあって、一般
の人々に至るまで、社会全体が効果のある、正しい医学知識を渇望《かつぼう》した世紀だった。

そこで前提として、光秀たちが活躍した一六世紀がどのような時代だったのかという点
を、医学をめぐる状況を中心に触れておくことにしよう。

そもそも一六世紀は日本医学史上の転換期でもあった。具体的には従来は一体としてあ
った、医学と宗教が、分離する傾向を見せはじめるのである。

一六世紀の日本の医学において最も注目すべき出来事は、大永《たいえい》八年(一五二八)に堺《さかい》の商
人の手で、明《みん》から輸入された『医書大全《いしょたいぜん》』という医学書の国内版が初めて刊行されたこと
である。この間の経緯はこの本の奥書に次のように記されている。

吾邦儒釈書を以て板を鏤《かさ》ねるは、往々、これ有り、然《しか》るに未《いま》だ曾《かつ》て医方に及ばず、恵
民の沢、人皆鮮《すくな》しとなす、近世医書大全、大明より来る、固《もと》より医家至宝なり、憾《うら》

むところその本稍《やや》少なし、見んと欲して未だ見ざるもの多し、泉南阿佐井野宗瑞《あさいのそうずい》、財を捨てて刊行す、かの旧本三写の謬《びゅう》有り、諸家考本に就かせしめ、方《まさ》に以て斤両を正す、一毫髪《いちごうはつ》たりといえども、私に増損せず、蓋《けだ》し宗瑞の志、利たらずして、天下人を救うの偉なるかな、陰徳の報、永く子孫に及ぶ

大永八年戊子七月吉日　　幻雲寿桂誌《しる》す

①我が国で儒学や仏教書が刊行されるのはよく知られている。

②ところが医学書の刊行に関しては十分ではない。人々の役に立つものが少ないと皆感じている。

③近年、明から『医書大全』が到来して、医者の間で重宝されているが、残念ながら本の数が少なく、見たくても見られない。そこで堺の阿佐井野宗瑞が私財を抛《なげう》ってこの本を出版することにした。底本とした『医書大全』には転写を重ねる際の写し間違いがあるが、諸本と対校することで調剤の分量を正した。勝手な解釈で数字を改変してはいない。思うに宗瑞の目指すところは、利益でなく、天下の人を救うことにある。その功績の報が子孫に及ぶことを。

概要は右の通りだが、情報量が多い史料であり、以下、前述のように三つに分けて整理しておこう。すなわちこれらは、

①従来の出版は、儒学書や仏教書が中心であった。
②そのために医学書の刊行は十分ではなかった。
③このような状況下で、薬剤分量を記した大陸最新の医学書が民間で刊行され、歓迎された。

とまとめられる。

民間医の台頭

以下、論点順に解説を加えていこう。
①は、出版が本来は儒教や仏教を学ぶ学者や僧侶を対象としたものだったことを示している。そもそも中世において書籍の発行主体も五山禅院《ござんぜんいん》などの寺院が中心だったことはよ

く知られており、出版が誰のために行われていたのかを端的に示している。

以上のような状況で医学書の刊行は副次的なものとなり、その担い手も官医と呼ばれた学者か僧医と呼ばれた僧侶だった。その結果として、②の医学書の少なさという現象が生まれたのである。

ところが、戦国時代になり、幕府や朝廷の基盤が動揺すると、官医や僧医の活動も停滞し、その一方で、民間医の活動が目立つようになることがこれまでの研究で明らかにされている。しかし、民間医の台頭は必ずしも歓迎すべきことばかりではなかったようだ。

というのも③の事実からは、大陸の医学書が受け入れられたのは、単なる外国産品を珍重する唐物《からもの》嗜好《しこう》の延長だけではなく、医学に関する正確な知識が求められていたことがわかるからである。

その背景には民間医の活躍は、単に医学の寡占《かせん》的状況からの解放というプラスの側面だけでなく、例えば呪術的な民間療法も蔓延《まんえん》するといった、質の低下ももたらしたことがあったと考えられる。医学書の減少に加えて、うさんくさい民間医療の蔓延――。このようなある種、退廃的な医学の状況があったからこそ、客観的で効果的な医療が希求されたのである。

医学と宗教の分離

ところで、従来の医学書・医者の主流が寺院・僧侶であったことを踏まえると、堺の商人による医学書の出版は、医学と宗教が分離する端緒になったと評価できる。

もちろん、宗教と一体化していた時期の医学が呪術性にまみれたものであったわけではない。それが合理性に富んだ内実を有していたことは、平雅行氏の指摘の通りであり(平雅行「中世仏教における呪術性と合理性」)、寺院により支えられていた、医学も含む知の大系が崩壊したのちに、ゼロからそれらを立て直さなければならなかったというのが正確なところであった。堺商人阿佐井野宗瑞による医学書の刊行もまた、その試みの一つだったわけである。

そして以上の知の再建に向けたプロセスは、ある重要な副産物を生み出していた。こうした状況は医学を学ぶものにとって、宗教的思考や権威を相対化しつつ、合理的思考を獲得できる大きな前提となったのではないかという点である。

もちろん、この変化は一直線に進んだわけではないだろう。しかし、宗教的畏怖心や権威を感じずに医学が学べる時代が幕を開け始めていたと考えられる。光秀が医学を学んでいた、一六世紀とは、医学を取り巻く状況も、このように大きく変わりはじめた時代だったのである。

新しい「天下」

この奥書はもう一つの興味深い情報を教えてくれている。それは史料終盤に登場する「天下人」の用法からうかがえる「天下」観の転換である。

このことを論じるにあたり、まず中世の天下から説明しておこう。

中世において天下の語が最も用いられるのは、織豊期の天下布武や天下統一的な文脈ではなく、おそらくは天下祈禱《きとう》という宗教的な文脈の表現である。

この用法の相違はそのまま中世と近世の為政者たちの天下観の違いにも通じている。中世における天下とは、京都を中心に配置された寺社において、安全を祈禱する対象だった。つまり中央にいながらにして、天下の隅々まで支配するというのが、少なくとも中世における天下支配の理念だったのである。

したがって、中世の為政者はなにも支配地を隅々までめぐる必要はない。京でその安全を祈念することが、観念的ながらも支配そのものだったからである。

その代わりに、彼らが固執したのが高さだった。

一一世紀の院政期を代表する権力者である白河《しらかわ》法皇が東山岡崎の地に建てた、法勝寺《ほっしょうじ》の八角九重塔は、八一メートルの高さであり、またその超克を意図した室町幕府の足利義満《あしかがよしみつ》の建てた相国寺大塔《しょうこくじだいとう》、北山第大塔《きたやまてい》が、一〇九メートルの高さだった。

中世の為政者たちの天下観念は、このように高さに端的に表れており、求められたのは、都で天下の安全を想念して、それがあまねく広がることを権力者に実感させるための高さだったことはここからも明らかだろう。

ところが、一五世紀中葉の応仁《おうにん》の乱の混乱のなかで、相国寺の大塔が焼亡してのち、京からは、権力者の建てた高い塔は実質的に失われることになった。天下＝高さとする考え方を支えた物理的なよりどころが、ここに失われたのである。

代わりに登場したのが、天下＝広さという私たちに馴染《なじ》みの深い空間観念である。

この転換の背景には、いかにも戦国時代らしい現実的要請が存在していた。それは敵対する勢力を武力討伐するために、武人でもあった権力者たちは、列島の隅々にまで出陣する必要が生まれていたからである。

以上のように、天下は高さから広さへと変質していたわけだが、京からすれば、鄙《ひな》に位置していた堺でも、同様の天下観念の転換が進んでいた。

ここで再び、『医書大全』奥書の記述にもどろう。「蓋《けだ》し宗瑞の志、利たらずして、天下人を救うの偉なるかな」と評された阿佐井野宗瑞が意識していた「天下人」とは地平の広がりに立つ人々のことであっただろう。すなわち、彼にとっても天下は広さであったと考えられる。

そしてその広がりは「吾邦《わがほう》」＝国内だけに止まるものではなかった。

『医書大全』が海の向こうの「大明」から取り寄せたものであることは先に述べた通りであるが、その後も堺商人たちの最先端の医学知識を求める情熱は衰えることはなく、堺商人たちが仕立てた天文《てんぶん》八年（一五三九）度遣明船《けんみんせん》では、医師半井《なからい》良英《りょうえい》を明医学伝習のために乗船させる計画があったという。

彼らの頭のなかにあった「天下」の広がりとは、国に止まらず、海の向こうを見据えたグローバルなものであったのである。

動き出した時代

そして詳細は後述するが、明智光秀が生まれたのは、堺で『医書大全』が刊行されたのと同じ、大永八年（一五二八）だった。これはあくまで単なる偶然に過ぎないが、光秀の生まれた時代の天下が、海の向こうまでの広がりを有するものへと変化を見せはじめていたのは確かである。

そして医学と宗教が分離する大きな一歩を踏み出しはじめていたことを踏まえると、一六世紀初頭に生を享《う》けた光秀が目にしていたのは、実は全く新しい世界だったといっても過言ではないだろう。

さらに政治史上でも、一五二〇年代は重要な時代であったことが指摘されている。具体的には東北では伊達稙宗《だてたねむね》が陸奥《むつ》国守護に補任《ぶにん》され、東海では今川氏親《いまがわうじちか》が『今川仮名《かな》目録《もくろく》』を制定した。また甲斐《かい》国では、武田信虎《たけだのぶとら》が国内を統一しはじめ、西国では毛利元就《もうりもとなり》や尼子経久《あまごつねひさ》が領国を拡大する動きを見せていた。

久留島典子氏は、この時期を、戦国大名の父たちの時代と呼んでいるが、このように見れば、光秀は新しい時代の子供として人生をスタートさせていたといえるだろう。

このように、思想史的にも政治史的にも時代は大きく動きはじめていた。これから述べていくのは、彼や織田信長、羽柴秀吉といった新時代の子供たちが、この新しい時代をどのように切り拓いていったかという物語なのである。

第一部

明智光秀の原点

第一章　足利義昭の足軽衆となる

史料が語る明智光秀の生涯

明智光秀の名前が後世に残ったのは、本能寺の変で天下統一を目前に控えていた織田信長の暗殺に成功したからである。つまりは謀反人の名前としてである。

しかし、一方で彼は織田家中では、のちに天下人となる豊臣秀吉と並んで実に優秀な人物でもあり、ともに織田家の家臣として、時代を変える一翼をになっていたこともまた確かな事実である。

日本史の時代区分でいえば、中世から近世への時代の変わり目に生き、医学の初歩的な知識も有していた一人の優秀な人物が、どのようにして世に出て、そして謀反へと奔《はし》るに至ったのか。このことを叙述する作業は、なかなかに難しい問題である。

このように評価が一筋縄ではいかない、光秀のような人物の事績を追うには、地道な作業ながら、事実に基づく探求しかとることができないだろう。そしてこの点は、既に半世紀以上も前から意識されていたことでもあり、この点を確認するために、ここで少し、明智光秀をめぐる研究史を振り返っておくことにしたい。

更新された史料初見

光秀について論じるにあたり、まず参照すべきは高柳光寿氏の『明智光秀』である。

一九五八年に公刊された本書は、当時、本能寺の変周辺のことがらにのみ限定して論じられてきた光秀の一生を、俗書・末書を排して偏差なく論じることを目標として書かれたもので、「信長の上洛から甲州征伐までの光秀は、従来全くブランクであった」という光秀伝を掘り起こし、現在に至るまで光秀研究の基本文献でありつづけている。

内容に加えて注目したいのが、同書が現在まで続いているシリーズ、人物叢書《そうしょ》の最初の一冊であった点である。実はこの時、高柳氏は同シリーズを編集した日本歴史学会の代表も務めており、代表自らシリーズの先陣をきる意欲に満ちあふれたものであった。

本書の末には、やはり高柳氏自ら記した「『人物叢書』刊行の辞」が載せられているが、そこには刊行の目的として、わざわざ傍点を付して「正確な伝記の執筆を願」ったためであると記されている。

ここから、信長暗殺者として偏見の多かった光秀について、正確な評価を与えたいとの強い思いを読み取ることは容易だろう。敗戦から一三年後、復興に向けての研究者の心意気が読み取れるシリーズの創刊だった（ちなみに現在、流通している新装版では高柳氏による刊行の辞は坂本太郎氏によるものに差し替えられ、シリーズの通し番号も消去されている）。

それから六〇年以上が経過した現在、研究状況を振り返ると、信長や秀吉に関する著作は依然として多く出され、本能寺の変について関心が高い状況には変わりがない。

それだけでなく、実証の質も飛躍的に向上した。とりわけ、『新修亀岡市史　資料編第二巻』や「明智光秀文書集成」は、光秀が発給した文書を網羅してくれており、史料の面で光秀研究の土台を大きく固めてくれた。

以上の点を踏まえれば、光秀論を展開する上での方向性は明確だろう。高柳氏の業績と意図を発展的に継承し、現在に至るまで活発に進められた史料発掘や研究の進展を整理しつつ、光秀の事績を、できるだけ事実にそくしてたどることにしたい。

実際、光秀研究の進展ぶりは、二〇〇〇年代に入って彼の史料上の初見が相次いで更新されたことからも顕著である。

光秀の初期の動静がわかる史料としては、「光源院殿御代当参衆《こうげんいんでんごだいとうさんしゅう》幷《ならびに》足軽以下覚書《あしがるいかおぼえがき》」（以下「覚書」と略記）という史料がある。この史料の後半部分に足軽衆として「明智」の名が記されていることは早くから知られていた。

表題からすれば、この史料は光源院殿＝足利義輝《よしてる》の時代の将軍側近を列挙したものということになるはずだが、その後半部分が実は足利義昭の時代のものであり、具体的には永禄一〇年（一五六七）二月から永禄一一年の五月までのあいだに追加して作成されたことが明らかにされた。さらに義昭はたどり着いた一乗谷で永禄一一年四月に元服《げんぷく》をしており、「覚書」後半部分はその前後に作成された可能性が挙げられている。

ところが先述の『針薬方』奥書の紹介によって、光秀の史料上の初見が永禄九年一〇月二〇日以前と一年半ほど繰り上がっており、この事実も踏まえた上で、光秀の登場を描き直す必要がある。そこでこの史料に再び向き合うことにしよう。

「西部戦線異常アリ」

そもそも、光秀はいつ、沼田に『針薬方』を教えたのだろうか。具体的には「口伝《くでん》」の舞台となった「高嶋田中籠城の時」とは、どの戦いを指すのだろうか。

「序章」で課題としていたこの問題に接近するために、まずは年紀が明らかな、近江坂本の地で米田貞能が沼田から同書の「相伝」をうけた永禄九年一〇月二〇日前後の政治状況から確認することにしよう。

ここで叙述の中心となるのは、足利義昭である。

永禄八年七月に当時、興福寺一乗院《いちじょういん》の門跡《もんぜき》として奈良にいた義昭は、兄足利義輝が殺害されたのをうけ、義輝に仕えていた細川藤孝たちとともに大和から、琵琶湖の東に位置する近江の和田惟政《わだこれまさ》のもとへと逃亡した。翌永禄九年二月一七日に近江矢島《やじま》で還俗し、七月にかけて上洛の動きを活発にする。

このような動きは足利義輝を殺害した三好長逸《みよしながやす》らを刺激し、八月三日に三好方三〇〇〇人が夜襲を仕掛けたのである。

この襲撃は、義昭方が撃退に成功したが、軍事的緊張がここで一挙に高まった。身の危険を感じた義昭は、八月二九日以降、矢島を退去し、朝倉義景《あさくらよしかげ》を頼り越前一乗谷《えちぜんいちじょうだに》まで逃れるのである。

以上の政治過程を踏まえると、まず沼田と米田がそもそもなぜ永禄九年の一〇月に坂本に居たか、おおよその察しがつくだろう。すなわち一乗谷に退却した義昭方の最後尾として、かつ三好軍の越前北進の可能性などを警戒して探る、京都方面の情報収集部隊的な役割を期待されて、坂本に残っていたと推測されるのである。

そして、光秀が沼田に『針薬方』を教えた「高嶋田中籠城の時」もある程度まで絞り込むことが可能である。

琵琶湖の西部に位置する高嶋の地に軍事的緊張感が高まるのが、三好方が夜襲を仕掛けた永禄九年八月三日以降だから、八月から閏《うるう》月の八月を加えて一〇月二〇日までの四ヶ月弱の時期にまで絞り込むことが可能である。だとすれば、光秀の義昭方としての戦場デビューは対三好軍戦の防御ラインの一角としての城詰であったといえるだろう。

足利義昭肖像（東京大学史料編纂所蔵、模写）

そして先述の通り、義昭はたどり着いた一乗谷で永禄一一年四月に元服をしており、その前後に家臣団の整備を行っていた。その時に光秀も籠城戦の功績が認められて、義昭家臣として認められたのではないだろうか。

ここまでの分析をまとめると、光秀は、

①永禄九年八月から一〇月二〇日のあいだに、足利義昭方として対三好軍戦の防御網の一角である高嶋田中城詰に参加し、

②永禄一一年四月に一乗谷で足利義昭が元服した前後に行われた家臣団の整備の際に足軽衆として正式に編入された。

ということになるだろう。

足利義昭「足軽衆」の構成

このように、光秀が足利義昭の足軽衆となる、おおよその経緯は復原できたのだが、将軍旗下とはいえ、足軽衆という軽輩的な扱いは、例えば「立入《たていり》左《さ》京亮《きょうのすけ》入道《にゅうどう》隆佐《りゅうさ》記《き》」の「美濃《みの》国住人、ときの隋分衆也《ずいぶんしゅうなり》」すなわち、土岐家の重臣クラスであったという同時代人による、光秀に対する評言とは齟齬《そご》しているようにも見える。

そこでこの点も確認するために、義昭の足軽衆の実態を押さえておこう。前出「覚書」

に「足軽衆」として記された人物を挙げると次の通りになる。

①山口勘介、②三上、③一卜軒、④移飯、⑤沢村、⑥野村越中守、⑦内山弥五太兵衛尉、⑧丹彦十郎、⑨長井兵部少輔、⑩薬師寺、⑪柳沢、⑫玖蔵主、⑬森坊、⑭明智

ここに「足軽衆」として記された人物の出自や経歴の全てがわかるわけではないが、判明する者のなかからおおよその傾向はつかむことができる。

まずは第一に挙げられるのは足利義輝の旧臣である。③の一卜軒と⑤の沢村は、足利義輝の時代でも足軽衆として見える人物である。おそらく義輝殺害後、一乗谷の義昭のもとへとはせ参じたのだろう。

もう一つは伊勢《いせ》家の旧臣である。②の三上は政所執事《まんどころしつじ》として足利家の庶政や財政を切り盛りした伊勢家の内者《ないじゃ》であった人物の可能性が高い。主君である伊勢家の当主貞孝《さだたか》は、永禄五年に挙兵し、同年九月に討死していた。その後の伊勢家の実情については後述するが、ここでは旧伊勢家臣たちが義昭のもとへ集まっていたことと、のちに彼らの多くが光秀のもとに編成されるという点を確認しておきたい。

三つめに分類できるのは丹波国衆《くにしゅう》である。⑩の薬師《やくし》寺は丹波に拠点を置いていた薬師寺弼長《じすけなが》だと考えられる。彼らはもともと幕府政治の中心だった細川家の家臣として丹波国支配に関わっていた人物であり、その意味で彼らも地方支配における室町時代からの人材だった。

一乗谷＝牢人たちの巣窟

実は薬師寺は永禄五年に伊勢貞孝が三好長慶《みよしながよし》と戦った際に、伊勢軍と連携して活動しており、また永禄八年の義輝暗殺後、三好・松永《まつなが》軍が京を制圧するなか、同年一〇月には京都に侵攻する動きを見せている。このように丹波国衆は一貫して反・三好の立場をとっていた。

この点に関連して、次の指摘も重要である。

高梨真行氏は永禄八年における薬師寺たちの出陣を、この時、近江和田《わだ》にいた義昭の擁立運動と連動したものであると指摘している（「永禄政変後の室町幕府政所と摂津晴門・伊勢貞興の動向」）。反三好・松永路線の延長上に義昭擁立があり、そこで義昭麾下《きか》に加わったのだろう。当然といえば当然だが、室町幕府とのつながりと、その一方で三好長慶らが中心となっていた中央政界の現況に対する反発が、彼らを義昭のもとへ向かわせたのである。ただし、のちに薬師寺は三好義興《よしおき》・松永久秀《ひさひで》に討たれ、上洛を果たした義昭政権で活躍することはなかったようである。

さて、細川家の宿老クラスだった薬師寺たちが、足軽衆に編制されていた以上、「立入左京亮入道隆佐記」で「美濃国住人、ときの随分衆也」＝美濃守護土岐氏の重臣の一人だったとされ、薬師寺たちと同様の立場だった光秀が足軽衆に繰り入れられていたのも、当時の身分編制からすれば、おかしなことではない。将軍からすれば、家臣（守護）の家臣だったから、彼らを足軽扱いするのも、むしろ当然のことだったのである。

ただし、薬師寺たちとは違い、光秀に三好政権への反発といった政治的背景があった様子はうかがえず、彼が義昭のもとへ奔った理由はよくわからない。経緯が不明という点では①の山口勘介＝山口甚介秀景も同様であり、本来は公家の葉室《はむろ》家の内者だった人物であるが、彼も義昭のもとに赴いた理由ははっきりとはわからない。

では彼らはどのような経緯で義昭麾下に参じたのか。

この点を考える上で、若狭・越前の地が、京からの没落者の一大拠点だったことも念頭に置いておく必要がある。

例えば、八代将軍義政《よしまさ》の側近として幕政で重きをなした伊勢貞親《さだちか》も失脚後は、若狭に蟄居《ちっきょ》していたし、一〇代将軍義材《よしき》（義稙《よしたね》）に至っては、明応《めいおう》の政変で政権を追われてからは、流浪の過程で越前朝倉のもとに隠れて再起を図っていた時期もあった。

このように若狭・越前の地は、京からのほどよい距離感もあって、没落者が一時、身を隠し、再起をはかるにうってつけの場所だった。先に見た足軽衆たちがいずれも、没落者だったことを想起しても、光秀や山口秀景も同様の立場だった可能性は高い。

義昭は越前朝倉のもとへたどりつくまでに近江国甲賀・野洲《やす》で和田惟政の庇護をうけつつ、各地に檄文《げきぶん》を発していたから、あるいはそのながれにのって、身をもてあましていた人々がはせ参じたのかもしれない。光秀もそのなかの一人だったと考えられる。

一乗谷の全景（福井市）

第二章　称念寺門前の牢人医師

明智十兵衛尉という牢人

歴史の表舞台に登場する以前の明智光秀について、もう少しはなしを続けよう。

永禄一一年（一五六八）九月、足利義昭は、信長に奉じられて入京を果たした。それはまた帯同して入京した光秀が歴史の表舞台に乗り出したことも意味するが、それ以前の彼は、越前の長崎称念寺《ながさきしょうねんじ》（福井県丸岡町）、今の蘆原《あわら》温泉のあたりにある時宗《じしゅう》寺院の門前で一〇年ものあいだ、牢人として暮らしていた。

このことが記されているのは、「遊行三十一祖京畿御修行記《ゆぎょうさんじゅういちそけいきごしゅぎょうき》」という史料である。内容は時宗のトップである三十一代遊行上人の同念が天正八年（一五八〇）、畿内と西国を遊行し、各地で群衆を熱狂させた、その時の記録である。

上洛した同念は七条の道場に泊まっていたが、次に奈良へ向かうにあたり、天正八年正月二四日に、六寮という時宗の役職名で呼ばれていたお付きの者、梵阿《ぼんあ》を坂本の光秀のもとに遣わしたことが記されている。

用件は何であったかといえば、次の通りである。

南都御修行有り度《た》き条、筒井《つつい》順慶《じゅんけい》に日向守《ひゅうがのかみ》の一書有るべきの旨、申し越さる

内容は、東大寺や興福寺に行きたいので、大和国を管轄していた筒井順慶宛ての書状を「日向守」＝光秀に書いてもらう必要があると上人が仰ったというものであり、要は大和国内での布教許可を求めに行ったのである。この時、光秀が大和国の支配を担当していたために、六寮（梵阿）は許可証をもらいに光秀のもとへ行ったわけである。

ここまでは普通の流れであるが、そのつづきに注目すべき記述がある。

惟任《これとう》方もと明智十兵衛尉《じゅうべえのじょう》といひて、濃州土岐《とき》一家牢人たりしが、越前朝倉義景を頼み申され、長崎称念寺門前に十ヶ年居住故、念珠《ねんごろ》にて、六寮旧情甚《はなはだ》しきに付て坂本に暫《しばらく》留め申さる

今は惟任と名乗っているが、彼はもとは明智十兵衛尉といって美濃土岐一家出身の牢人だった。越前の朝倉義景を頼んで長崎称念寺に一〇年いるあいだに六寮と知り合いになっていたので、坂本では光秀と長話となった。

朝倉義景肖像（東京大学史料編纂所蔵、模写）

実は同念から使者として派遣された梵阿は長崎称念寺の人間であり、ここに記される内容をまとめると、

①光秀は土岐一家の人物で牢人だった。
②光秀は朝倉義景を頼って、越前の長崎称念寺の門前で一〇年間暮らしていた。

ということになる。

光秀の出身が美濃国だったことは、「立入左京亮入道隆佐記」に「美濃国住人、ときの随分衆也」とあり、彼は美濃守護土岐氏の家臣の一人だったことがわかるが、それからどうしていたかははっきりとはわからなかった。しかし、その空白を埋める事実がここに記されているのである。

美濃国で土岐氏の一族として生まれた光秀は、何らかの理由で牢人となり、永禄元年ごろに越前国長崎称念寺門前に居住した事実が確定するのである。

牢人の生計手段

光秀は足利義昭足軽衆として歴史の表舞台に立つ前に、一〇年間、時宗寺院である長崎称念寺門前にいたことがわかった。ではそこで彼は何をしていたのだろうか。

ここで再び想起されるのが彼と医学の関係である。この問題をより深く考えるために参考にすべきは、横田冬彦氏の研究「医学的な知をめぐって」である。

横田氏は地域と医療の関係を論じるなかで、江戸時代に入って一七世紀の村医者、在村医が基本的に牢人あがりだったことを明らかにしている。これは何を意味するのかというと、基本的に村は医学などの高度な知識を村のものにするには、外部の人間に来てもらわなければいけなかったということである。

ところが一八世紀になって、在村医のあり方が変わってくる。庄屋クラスの家から医者が出てくるのである。すなわち、一七世紀には、よそから来ていただくものだった医者が、一八世紀には庄屋クラスの一族が在村医となり、自前で医者を供給できるように変化していたのである。

横田氏は以上の変化を次の通りにまとめている。

①在村医の第一世代：牢人あがりが在村医になった一七世紀
②在村医の第二世代：医者を村が自前で出せるようになった一八世紀

横田説のポイントは、近世の村社会において知の蓄積がなされ、よそから呼んでこなくても自前で調達できる程度までに村の教養が高まってきた事実を明らかにした点にあるが、この明快な説明に接して考えさせられたのは、ではそれ以前の一六世紀ではどうだったのだろうかという点である。

一六世紀の状況が一七世紀より優れていたことはおそらくないだろう。だから一六世紀も牢人あがりが地域の医療の一翼を担っていたと判断するのがまずは妥当である。京都の施薬院全宗や典薬入道丹波頼景など、朝廷お抱えの名門の医者は別として、一般社会における田舎の医者はどこから出ているのかというと、基本的に医者＝牢人だったのである。横田説にならえば、一六世紀の在村医は第一世代のプロトタイプ、いうならば第ゼロ世代である。

ここまで考えてくると、光秀が『針薬方』などの医学知識に詳しかった理由がわかってくる。

すなわち牢人だったから医者をしていないと食べていけなかったのではないか。一方、村の側としても、少しでも医学の知識を有する牢人は歓迎された。この人はよくわからないが、子供が怪我をしたら薬を塗ってくれるといったように、便利な存在だったからである。ここまで医学の初歩的な知識を有していた光秀を医師と表現してきたのも、一六世紀における地域医療の現状と彼の長い牢人時代を踏まえてのことだった。

歴史の表舞台に登場する以前の光秀は、越前の長崎称念寺門前の牢人医師だったと考えられるのである。

第三章　行政官として頭角を現す

足利・織田連合軍の構成

たびたび触れている通り、永禄一一年（一五六八）九月、将軍足利義昭は、織田信長に奉じられて入京を果たした。帯同して入京した光秀の当初の動静は判然としないが、細川藤孝と行動をともにした可能性は高く、例えば一〇月一〇日の大和攻めに出陣した藤孝と和田惟政の軍勢に光秀も従軍していたと考えられる。

さておき、京の人々は、尾張・美濃を制した信長の軍勢とそれにかつがれた新将軍の入京を目の当たりにするが、彼らはよくいえば多士済々、率直にいって有象無象《うぞうむぞう》の人材であった。

この点を浮き彫りにするために、京に進駐し京都庶政にあたった人物を、年齢とともに列挙するとおおよそ次の通りである。

丹羽長秀《にわながひで》　天文四年（一五三五）生
木下秀吉　天文五年か六年生
村井貞勝《むらいさだかつ》　大永年間（一五二〇年頃）生
朝山日乗《ちょうざんにちじょう》　不明
中川重政《なかがわしげまさ》　不明
佐久間信盛《さくまのぶもり》　大永七年（一五二七）生

不明の人物もいるが、これを見ると丹羽・木下が上洛時に三〇代前半と大変若い人材だったことがわかる。参考として光秀と密接に関わる細川藤孝の生年も挙げておくと、彼も天文三年（一五三四）の生まれであり、やはり丹羽たちと同年代の若い世代だった。

一方の村井や日乗などは高齢だった。谷口克広氏の研究も参照すると、村井貞勝は一五二〇年頃の生まれであり、この時、四〇代後半から五〇代（『信長の天下所司代』）。また朝山日乗も高齢で、後奈良天皇に仕え、弘治《こうじ》二年（一五五六）には禁裏小御所《きんりこごしょ》で仁王経《におうきょう》百部読誦《ひゃくぶどくしょう》を行ったことが知られている。丹羽・木下らからすれば一回り以上、上の年代の人間だったことがわかるだろう。なお仁王経読誦の際には、「日乗上人ト云う買子《まいす》（売僧）」とも侮蔑《ぶべつ》されており（『厳助往年記』）、日乗は毀誉褒貶《きよほうへん》の分かれる、癖ある人物だったようである。

佐久間信盛については、おおよそ村井貞勝と活動期間が重なるので、各種日本史辞典などが記すように、村井と同様に五〇代前後だったと判断しておきたい。

光秀の生年

以上、京都行政に携わった面々を概観してきたが、新興勢力の常というべきだろうか、義昭と信長の連合政権の内実は充実していたとはお世辞にもいえなかった。軍事以外の経験に乏しい武人か、老獪《ろうかい》で癖のある人物に京都行政を委《ゆだ》ねざるをえない状況だったのである。

ではその一員だった光秀はこの時、何歳だったのだろうか。

光秀の生年については、近年二つの説が出されている。一つは大永八年・享禄《きょうろく》元年（一五二八）説。これは『明智軍記』、『綿考輯録《めんこうしゅうろく》』などが享年五五とすることによる。もう一つは永正《えいしょう》一三年（一五一六）説。これは『当代記《とうだいき》』が享年六七とすることによる。

両説は丁度、一回りの違いなので、光秀が子歳《ねどし》生まれである点では一致するが、いずれも同時代史料にもとづくものではなく、生年について判断は保留せざるをえない。

ただし状況証拠ではあるが、後にも触れるように激務を極めた織田軍にあって、年齢としては享禄元年生まれとするほうが、すんなりと理解できるのは確かである。だとすればこの年、四〇歳であり、以上の人材配置を踏まえると、要《かなめ》の位置の年齢だったことにもなるだろう。以下、光秀の年齢についてはこの仮定に基づきはなしを進めていくことにする。

大和国進軍

さて、永禄一一年九月に入京を果たした信長は、京に据える義昭の安全を確保するためにさらに南へ兵を進める。

一つは摂津《せっつ》方面軍で、摂津池田城に籠《こ》もる池田勝正《かつまさ》を降伏させた。さらには一〇月三日に松永久秀も摂津まで赴《おもむ》き、信長に帰服したために、京の南方の摂津と大和の旗幟《きし》は明確になった。

大和多聞山《やまとたもんやま》城の久秀の帰順をうけて、その接収のために、義昭と信長は大和国にも兵を進める。その時の様子が興福寺多聞院《たもんいん》の英俊《えいしゅん》という僧侶により克明に記録されている(『多聞院日記』永禄一一年一〇月一〇日条)。

京ヨリ細川兵部大輔《ひょうぶたいふ》、和多伊賀守(公方方《くぼうかた》ノ両大将)、佐久間(織田尾張方大将)以上二万ほとにて西京招提寺辺へ打越了、京ハ何方へも人数コレヲ遣《つかわ》サズ、窪城之城開了、井戸・柳本・豊田・森屋・十市・布施・楢原・万歳ハ今日迄ハ城堅固ニ持タレ了

京都から公方足利義昭方大将として細川藤孝と和田惟政、織田信長方大将として佐久間信盛が二万の軍勢を引き連れて、唐招提寺《とうしょうだいじ》あたりに陣をとった。一部の城は開城したが、井戸以下はまだ今日まで城に籠もっている。

このように奈良中の人々は、京からの軍勢を戦々恐々の思いで見つめていたわけだが、一方の「進駐軍」は緊張感に乏しかった。

とりわけ佐久間信盛以下、尾張《おわり》からおそらく奈良に初めて来ただろう軍勢たちは半ば物《もの》見遊山《みゆさん》の出陣だった。具体的には「尾張衆取々社参了」と、城に籠もって様子をうかがう

大和国衆を尻目に、寺社参詣を決め込んでいたのである。

主君を呼び捨てる軍団

大和国に進軍して寺社参詣をきめこむ「尾張衆」の奔放な動きは、否応なしに世間の注目を集めたと考えられるが、それ以外にも彼らは独特の振る舞いを見せていた。

入京直後の永禄一二年正月に、織田家家臣である丹羽長秀が、信長の意をうけて山城国の遍照心院《へんじょうしんいん》（大通寺《だいつうじ》）に宛てた文書に、次の一節がある（『信長』一四〇）。

先度信長寄宿免除の朱印進ぜられ候、其の旨別儀あるべからず候

内容は先に尾張衆をはじめとする軍隊の寺院への駐屯を認めない（寄宿免除）内容の信長朱印状が出されたことをうけたものだが、ここで目に付くのが、長秀が主君を「信長」と呼んでいる点である。

これは何も長秀一人に限ったはなしではなく、木下秀吉や佐久間信盛といった「尾張衆」たちは、主君である織田信長を、「信長」と呼び捨てにしていたのである。

これにはもちろん理由があった。そもそも当時の人々が突然、京にやってきた、この若き権力者をどのように呼べばよいかがわかっていなかったのである。

これは信長自身もそうであったようであり、入京直後は弾正忠《だんじょうのちゅう》という官職名で朱印状を発給していたが、すぐに「信長(朱印)」と名前そのものを用いるようになる。おそらく官職が軽微にすぎて、様《さま》にならないことも背景にあったのだろう。では何と呼べばよいのかといえば、もはや名前しかない——。

かくして、公文書上、主君を呼び捨てで表記する、奇妙な集団が京にやってきていたのである。

物見遊山の後始末

従わなければ、焼き払うことも辞さないという威圧を前に、大和国内の人々は迅速に恭順の意を示す必要があった。このように厳しい政治判断を迫られた人々のなかに、奈良からほど近い山城国賀茂《かも》郷の侍たちも含まれていた。

この荘園が位置するのは、現在の京都府南部で、木津川流域から東の山間の盆地である。かつて恭仁京《くにきょう》があった場所といったほうがわかりよいかもしれない。そこで暮らしていた彼らが義昭・信長の南都進軍の報に接して、いち早く忠節を誓う「請状《うけじょう》」＝誓約書を提出したのである。

しかし、義昭と織田家中からなる混成部隊は、ある大きな軍事事務的なミスを犯してしまっていた。「進駐軍」側が、賀茂郷の侍たちが必死の思いで提出した誓約書を紛失してしまったらしいのである。

理由としては、そもそも諸事業務に不慣れな混成部隊だった上に、やはりそもそもの物見遊山気分が抜けきらなかったからだろう。そのような彼らが犯した不始末の事後処理にあたったのが、織田家中の木下秀吉と義昭配下の光秀だったのであり、その時の様子が次のように記されている（「光秀」九）。

当郷軍役の請状、此方ニこれ在るかの由候、其砌《そのみぎり》取乱到来無く候、若《も》し以後何方より出候共、反古《ほご》たるべく候、将亦《はたまた》両人に対して下し置かれ候御下知の写、これを遣わし候、疑心有るべからず候、恐々謹言

十二月十一日

明智十兵衛尉

光秀（花押）

賀茂惣中

賀茂郷から足利義昭が上洛を果たした際に提出した、毎年四〇〇石を進上し、一〇〇名の兵士を拠出するという誓約書（「請状」）は「此方」＝明智方にあるかという問い合わせがきている。その時はバタバタしていたので、私のもとには届いていない。大事な誓約書なのでもし誰かがそれを所持して、賀茂郷に四〇〇石以下の拠出を要求してきたならばよくないので、その場合は誓約書は無効にする。また秀吉と私に対して出された義昭さまからの命令書の写しを賀茂郷に渡すので、我々のことは信用してください。

いうなれば、これは光秀が賀茂郷に宛てた弁明書であるが、賀茂郷側が提出した大事な「請状」を義昭・信長連合軍の誰かがなくしてしまった事実に対する賀茂郷側の不信は大きかった。その始末を牢人あがりの足軽衆光秀と、のちに信長から「ハゲネズミ」とからかわれたりもする、木下姓の貧相な小男が任されたのだった。要は新参者と若手の下っ端が謝罪も含めた厄介な仕事を押しつけられたわけである。

実際、賀茂郷側からの風当たりは強く、このことは、光秀と秀吉の「両人に対して下し置かれ候御下知の写、これを遣わし候、疑心有るべからず候」という記述からうかがえる。

これはなにをいっているかというと、賀茂郷側からすれば、義昭・信長連合軍から謝罪にやってきた二人の男たちが、そもそも本物なのかどうかすら疑わしかったから、「証拠を見せろ!」と詰め寄ったのだろう。それを受けて、「御下知の写し」を見せて、まずは相手の信用を獲得するところからはじめなければならなかったのである。

当然ながら、賀茂郷の人々は、頭をさげさせている二人の男が、のちに天下の覇権を争うことになるなどを知る由もなかっただろう。そしてこれは光秀と秀吉たちにとっても同じだった。おそらくは押しつけられた厄介な仕事を処理することだけで、この時は頭は一杯だったはずだったからである。

最初に獲得した所領

義昭を奉じて入京した信長は、岐阜へ帰ったが、その不在をついて永禄一二年正月五日に、三好長逸・政康《まさやす》、石《いわ》(岩)成友通《なりともみち》の三好三人衆が六条本圀寺《ほんこくじ》の義昭を攻撃しており、光秀は防戦している。今回はなんとか、三好軍を撃退できたが、京の支配をいかにして安定させるかが、連合政権の大きな課題となった。

具体的には、軍事と内政の整備が急務となり、そのうちの義昭の家中からは軍事の要としては細川藤孝と和田惟政が登用され、内政に光秀が抜擢されることになる。

権力形成期に内政もスムーズに処理できる人材獲得の難しさは一般に見られる現象だが、初歩の医学知識も含めた、文字の明るさと、賀茂郷への対応もおそらくは評価されたのだろう。光秀はその翌月から文書発給に携わりはじめ、二月から四月にかけて、村井貞勝、日乗上人、丹羽長秀、木下秀吉、中川重政らと連署して文書を発給している。将軍足軽衆という立場を超えた光秀の活動が確認できるのである。

光秀は職務にいそしみ、元亀《げんき》元年(一五七〇)三月六日には信長の命を受け、知行安堵《ちぎょうあんど》を行うために日乗とともに公家衆に知行地一覧を提出させている。また三月二二日には木下秀吉、丹羽長秀、中川重政とともに山城国内の所領相論を取り扱うなど、入京以来、行政官として精力的に働いている。

一連の京都庶政への恩賞としてだろう、同年四月一〇日には義昭の命で山城下久世荘《しもくぜしょう》の一職《いっしき》支配を認められている(「東寺百合文書」ひ函一七五号)。

現在の向日市にあった同荘は、かつて東寺の所領であり、年貢高は六〇石弱。永禄一三年当時の相場からこれを銭に換算すると、一石＝五〇〇文程度として約三〇貫文。一貫文が一〇万円と見ると、年に三〇〇万円程度の収入が見込める所領だった。あくまで概算に過ぎないが、現代のあり方から見ても中小級の官僚的な俸禄だったといえるだろう。美濃出身と見られる光秀が、同所にも規模は不明ながらも所領を有していた可能性はあるが、義昭麾下になってから最初に獲得した所領だった。

光秀の経済基盤が確認できる最初の事例であり、当然ながらそれは彼が足利家中であることの確認でもあった。財政面でも牢人を脱したのである。

第四章　延暦寺焼き討ちと坂本城

宇佐山城主・光秀

このように官僚として役割を果たしはじめ、所領も獲得した光秀だが、相次ぐ激戦が彼の環境にも影響を及ぼすことになる。

岐阜と京都という二つの領地を手にした織田信長軍だが、両者をつなぐ湖東の地は、北は越前朝倉《えちぜんあさくら》氏がにらみをきかせ、一方の南はいまだ服さない甲賀《こうか》の地があり、不安定な領国経営を強いられていた。このこともあって岐阜と京都をつなぐ安定した道が必要であった。

その一環として越前朝倉氏の攻略の問題が浮上し、元亀元年（一五七〇）四月に越前朝倉攻めが行われた。それに光秀が帯同したかは明らかでないが、近江小谷の浅井長政《あざいながまさ》の裏切りで織田軍が撤退した後、光秀を若狭《わかさ》に派遣した旨が『信長公記』に見える。

同年八月には、三好とそれと結託した本願寺に対する戦闘が行われ、この時には光秀は信長に帯同していた。しかし九月に織田軍の背後をつくかたちで朝倉・浅井軍が坂本まで進軍し、その際、光秀は京都の護衛のために村井貞勝・柴田《しばた》勝家《かついえ》らとともに京都へ派遣される。

この時の織田軍は本当の危機に直面していた。官僚として働いていた光秀の動員もさることながら、光秀よりも高齢と思しき村井までもが動員されていた点にこのことがよくうかがえる。実際にこの時の戦闘では宇佐山《うさやま》城を守っていた森可成《もりよしなり》が戦死しており、織田軍の人材の損失は極めて大きなものがあった。

宇佐山城跡（大津市）

このような劣勢をうけ、九月二四日に信長は反転して坂本へ出陣し、光秀も勝軍山《しょうぐんやま》城に詰めることになった。彼は時折、入浴のために麓《ふもと》にある吉田神社の神官吉田兼和《かねかず》（兼見《かねみ》）邸を訪れている（『兼見卿記』）。

今回の窮地は一二月に足利義昭の調停もあって難を逃れたが、またいつ朝倉たちの侵攻が再開するかわからなかった。このような状況にあって、光秀は同年末には戦死した森可成の代わりに宇佐山城に入城することになった。かくして牢人あがりの光秀は、四〇をこえて初めて一城の主となったのである。宇佐山城主時代のはじまりである。

翌元亀二年正月六日には光秀の使者として赤塚・寺内・寺元・赤利が吉田兼和邸を訪れ、正月二一日には吉田兼和が宇佐山城に光秀を見舞っている（『兼見卿記』）。二月一九日には、兼和に二五人の人足の拠出を求めているから、このころに城の修復・改修を行っていたのだろう。義昭・織田政権の人材不足と、相次ぐ軍事が、光秀に武官としての役割も求めたのである。

延暦寺焼き討ち

元亀二年九月一二日に信長は延暦寺《えんりやくじ》焼き討ちを決行したが、その際に光秀は宇佐山城主として参戦し、仰木谷《おおぎだに》から、比叡山《ひえいざん》山頂の延暦寺に侵攻していた。

宇佐山城は坂本の南方、仰木谷は坂本の北方の山間の地であるから、光秀は中途に延暦寺の僧侶たちが住坊を構えていた坂本を横断したことになる。当然、その際、多くの僧侶たちを殺害したことになるだろうが、そのことを強く示唆しているのが、焼き討ち直前に湖西の土豪である和田と八木の両氏に宛てて出された、次のよく知られた書状である（「光秀」一一三）。

①御折紙《おりかみ》拝閲せしめ候、当城へ入らるるの由、尤《もっと》もに候、誠に今度城内の働き、古今有間敷儀《あるまじきぎ》に候《そうろう》（中略）
②加勢の儀、是又両人好次第ニ入れ置くべく候、鉄炮の筒、并《なら》びに玉薬《たまぐすり》の事、勿論入れ置くべく候、今度の様体、皆々両人をうたかい候て、後巻なとも遅々にて、是非無き次第に候、人質を出候上にて、物うたかいを仕り候へハ、報果次第ニ候、石監・恩上ハ上られ候時もうたかいの事をハやめられ候へ之由、再三申旧《ことふり》候つる、案のことく別儀無く候て、我等申候通あい候て、一入満足候、
③次をさな（幼）きもの、事、各登城の次いでニ同道候て上げらるべく候、其間八木此方ニ逗留すべく候、弓矢八幡日本国大小神祇我々うたかい申ニあらす候、皆々くち〱ニ何ニてと申候間、其くちをふさき度《たく》候、是非共両人へハ恩掌（賞）の地、遣わすべく候、望の事きかれ候て越さるべく候、

④仰木《おおのき》の事ハ是非共なてきりニ仕まつるべく候、頓而《やがて》本意たるべく候、又只今朽木《くちき》左兵衛尉《さへえのじょう》殿、向より越され候、昨日志村の城［　　］ひしころし（干殺）ニさせられ候由候、雨やミ次第、長光寺へ御越し候て［　　］謹言

明十兵

九月二日　　　光秀（花押）

和源殿

①お手紙拝見しました。和田と八木の両名がこちらに加勢くだされること、然《しか》るべきと存じます。此度《こたび》の城内での働きぶり、見事でございます。

②加勢の規模などはあなた方にお任せします。鉄砲・玉を入れるのは当然です。今回の件について、皆まだあなた方を疑っていて、後方支援も遅れがちなのは仕方ありません。人質を出されて尚、疑っているようではさすがにだめでしょう。石監・恩上（恩知上総《おんちかずさ》か上野《こうずけ》）はあなた方がおいでになった時、疑うなと何度も申しておりまして、実際、その通りとなり、私としては満足しています。

③ご子息などは登城の際にお連れいただき、八木と子息たちはそのまま人質として留

まり下さい。弓矢八幡日本国大小神祇にかけて危害を与えないことを誓います。皆いろいろいうでしょうが、黙らせます。軍功をあげられましたら恩賞の地を与えますので、何が欲しいか相談しておいてください。

④延暦寺に味方する仰木の連中は絶対に「なてきり」にします。すぐに思ったように実現するでしょう。朽木殿も山の反対の西から進軍され、昨日、志村城を「ひしころし」にして落とされたそうです。雨が止み次第、長光寺までおいで下さい。

当初は文官としての役割を期待された光秀だったが、武官としても歴戦の部将に劣らない意欲を見せており、その才能は今回の焼き討ちで遺憾なく発揮された。このことは和田氏に充てた九月二日付の書状の「仰木の事ハ是非共なてきりニ仕まつるべく候」との記載に強く表れている。

撫で斬りの男

ここに見える「なてきり」とは、「ねきり」と同様、織田軍の戦争を語る際に重要なキーワードであり、文字通りの殲滅戦《せんめつせん》を行う宣言だった。その言葉をいまだ織田軍下にはなかった光秀が放ったことは注目すべきであり、このような戦争に対する積極的な姿勢は、おそらく同じく敵を壊滅させようとしていた信長の指向とも共鳴したのではないだろうか。

しかも光秀の撫で斬り宣言はかけ声だけではなかった。

今回の焼き討ちでは光秀だけでなく、佐久間信盛や丹羽長秀、中川重政も活躍したようであり、元亀二年一二月には近江国舟木荘が丹羽長秀、中川重政により押領《おうりょう》されている（『言継卿記』）。

では、光秀はどうだったのかといえば、『信長公記』には延暦寺焼き討ちの功績として光秀に滋賀郡全体が与えられたと記されており、一つの所領・荘園だけではなく、郡全体を与えられたのだから、彼の戦功が抜群であったことがよくわかるだろう。

先に述べたように、延暦寺焼き討ちの際、光秀は延暦寺北東にあたる仰木谷から延暦寺に侵攻したことが知られている。延暦寺の南にある宇佐山城主が、北東に位置する仰木谷から攻めるには、いったん湖西に降り、そこから北上して仰木谷に向かわねばならない。当然ながらその時に山下の里坊《さとぼう》を通過するわけで、それは攻略しつつの進軍だったに相違ない。

信長、比叡山を焼く（『絵本太閤記』2編巻6より。国立国会図書館蔵）

『信長公記』などには無名に近かった光秀の動きは詳述されていないが、今回の攻略で

> 山上山下の男女貴賤《きせん》、右往左往ニ廃忘を致し、取物も取りあえず、悉《ことごと》くかちはたしにて八王子山へ逃げ上ぐる

と同書にはあり、少なくとも「山下の男女貴賤」を追いやった軍勢の中心に明智軍がいたことは、上記の進軍経路から見ても間違いないだろう。『言継卿記』にはその死者が三〇〇〇から四〇〇〇人に及んだと記している。

その活躍ぶりは、『信長公記』の「去りて志賀郡を明智十兵衛に下さる」という記載に端的に示されている。延暦寺攻めで特筆に値する活躍を見せたから、無名に近かった光秀が『信長公記』に特記されるほどの、一郡にまで及ぶ規模の褒賞に預かったと考えられるのである。

要は延暦寺側に与えた被害の大きさが、恩賞の大きさに反映していたわけであり、そこには山門僧たちを殺《あや》めた数も当然ながら大きく関係しているだろう。ここから光秀の「なできり」がかけ声だけのものだけでなかったことがわかるのである。

愛宕権現への信仰心

このように山門僧たちを「なできり」にした状況を見ると、光秀は神をも畏《おそ》れぬ男であったかのように見える。しかし信仰の上でいえば、光秀はむしろ信仰心の厚い人間だった。このことは先の和田宛の書状の追伸の記述から読み取れる。

尚以《なおもって》てつはう(鉄 炮)の玉薬一箱参候、筒之事ハ路次心元無く候間、これを進せず候、八木帰られ候時遣わすべく候、返々愛宕《あたご》権現へ、今度之忠節、我等対し候てハ無比之次第候、入城之面々よく名をかきしるし候て来らるべく候なお鉄砲の玉薬を一箱送ります。本体は途中で奪われる恐れがあるので、八木が帰られる時に渡します。今回、私たちの味方になられたことはありがたく、我々のみならず、愛宕権現に対しても忠節の極みである。このことを踏まえた上で、城に来る面々のリストをお持ち下さい。

ここでは最後に記された和田・八木が味方として入城させる人員のリストを持参するように命じているが、それを愛宕権現に誓約するかのようにして、持ってこさせている点に注目したい。和田たち湖西の住人がおそらく領主であった延暦寺と神仏習合していた日吉《ひえ》社の神を信仰していたことを踏まえると、日吉の神と直接、関わりの少ない愛宕の神を持ち出して、一種の「踏み絵」のような行為を彼らに迫っているのである。ここに見られる光秀の念の入れようも見逃せないが、それ以上に、愛宕権現に対する彼の信仰心の強さが注目できる。

愛宕神社のなかにあった勝軍地蔵《しょうぐんじぞう》は一五世紀末以降、軍神として足利家を筆頭に武家からの信仰を集め、それとあわせて愛宕権現信仰も一六世紀に全国的に流布しはじめていた（小林美穂「中世における武士の愛宕信仰」）。愛宕神社自体は古代から崇拝されていたが、戦争に勝ちたいという戦国時代的な宗教需要に勝軍地蔵が応えるかたちで、一六世紀に新たな脚光を浴びはじめた神社であり、神だったのである。

先に、一六世紀における医学と宗教の分離を説明した際、光秀もその影響下にあったのではないかと述べたが、それはあくまで従来の宗教的権威だった顕密《けんみつ》仏教の相対化であり、光秀以下が、宗教・信仰と無縁な存在になったわけでもない。それどころか光秀はある新しい信仰に傾倒しており、その対象が愛宕権現だったわけである。

そして愛宕神社そのものが、従来の中世仏教の本流であった南都《なんと》北嶺《ほくれい》＝興福寺と延暦寺とは距離を置くものであった点も重要である。

信仰面でも、愛宕の神を信じていたこの時期の多くの武士たちにとって、日吉の神、そして神輿《しんよ》を担ぐ延暦寺の山門僧たちといった中世を代表する宗教権威を畏怖する理由は小さくなっていたと考えられるからである。

その意味で、延暦寺焼き討ちは、愛宕の神と日吉の神の戦いという、神々の戦争という側面も多分に有していた。そしてそれは前者の圧倒的な大勝というかたちで幕を閉じたのである。

押領を進める光秀

ところで、光秀への滋賀郡一郡が与えられたという破格の褒賞を記す『信長公記』は、実は全てを記述してはいない。このように述べるのも、今回、光秀が与えられたのは、滋賀郡だけでなく、実は京都に所在する延暦寺関係者たちの所領も光秀に与えられていたからである。

元亀二年一〇月には廬山寺《ろざんじ》が光秀から押領を受けているとの訴えを朝廷に提出しており、そのほかにも青蓮院《しょうれんいん》、妙法院《みょうほういん》、曼殊院門跡《まんじゅいんもんぜき》領も同様の訴えを行っている。光秀は山門末寺だと主張して押領に及んでいるとのことなので、京と滋賀郡という比叡山の両麓の山門領が、信長から光秀に与えられたと考えられる。それを強引に実行した結果が、京の寺院からの相次ぐ訴えとして現れたのだろう。

例えば山門僧高野蓮養坊《たかのれんようぼう》の所領についても、光秀は強引に知行していた。『兼見卿記』元亀三年九月一七日条には、その模様が次のように記されている。

勝龍寺《しょうりゅうじ》の細兵（細川藤孝）へ書状・使者を以て、蓮養坊知行分之事申し遣わし了、明十（明智光秀）へ申理義也、三太（三淵藤英）書状を相添え了

蓮養坊の知己である吉田兼和が、三淵藤英、細川藤孝兄弟を通じて、光秀と連絡をとり事態を打開しようとしているが、一〇月二四日条でも、

細兵（細川藤孝）・三弥（三淵藤英）に向かう、蓮養坊知行山門領也、此間明智存分也、此儀細兵・紹巴《じょうは》馳走せしむる也、未だ相済まず了

とあり、光秀の占有は止まらなかったようである。
このように光秀は湖西の滋賀郡だけでなく、京の山門領も手中にしていたのである。

義昭からの叱責

しかし、このような光秀の強引な所領獲得の動きは、さすがに眼にあまるものだったらしく、一連の押領行為によって、将軍義昭の譴責をうけることになった（「光秀」一二三）。

昨今ハ御目に懸かり、快然此の事に候、其につきて我等進退の儀、御暇《おいとま》申上候処、

種々御懇志の儀共過分に忝《かた》じけなく存じ候、とニかくニゆくすへ成り難き身上の事に候間、直ニ御暇を下され、かしらをもこそけ候様ニ御取成頼入存候、次此くら作にて候由候て、しかるべきかたより給い置き候間進じ入れ候、御乗習ニ御用ニたてられ候ハヽ畏入存じ候、かしく

「(切封ウハ書)　明十兵

曾兵公　人々御中　光秀」

お目にかかれて光栄でした。私の進退の件は、辞任を申し上げたところ、いろいろお声をかけていただき、恐縮いたしております。ともかく義昭様の不興をかって行く末の覚束《おぼつか》ない身ですので、すぐに将軍家中から追放を命じられましたら、出家いたしますと義昭様にお取りつぎをお願いします。鞍《くら》をしかるべき方よりいただいたので、「曽兵公」＝曾我さまに差し上げます。練習用にでもお使い下さい。見苦しいものですが、ほんの気持ちです

このように光秀は慇懃《いんぎん》な姿勢を見せ、そのほかにも将軍側近の曾《そ》我《が》助乗《すけのり》へ下京壺底《つぼそこ》分地《じ》

子銭《しせん》（壺底という土地の地代）や鞍を与えて取りなしを依頼している（「細川家文書」三二五号）。

ただ光秀が取りなしの代償として提示した下京の地子銭も、おそらくは山門の所領だったはずであり、この逸話は彼の厚顔ぶりもよく伝えてくれている。事実、青蓮院の脇門跡である岡崎門跡領賀茂《かも》西浄土院《にしじょうどいん》分は譴責後も知行を続けていて（『九条家文書』一―三六）、反省はおそらく口だけのものだったようだ。

宇佐山城主となった光秀は洛中の地子銭も含め、比叡山の東西の麓の旧山門領を領有していたのである。

山門領は戦国大名の所領に匹敵するとキリスト教宣教師が述べていたが、このことを踏まえても、その額が義昭から与えられた下久世荘などとは比較にならなかったのは確かである。のちに光秀は足利義昭を見限り、織田信長に仕える道を選択するが、与えられた恩賞の規模からすれば、その帰趨《きすう》は既にこの時点から決まっていたのである。

坂本築城と出世

山門焼き討ち後、光秀は余韻にひたることもなく九月二四日には摂津高槻に出陣していた。さらに九月晦日には嶋田秀満《しまだひでみつ》、塙直政《ばんなおまさ》、松田秀雄《まつだひでお》らと公武用途、すなわち朝廷と幕府に必要な資金の調達のために段別一升《たんべついっしょう》の段米を山城国に賦課《ふか》しており、さらに一〇月一五日には同じメンバーで禁裏《きんり》賄料《まかないりょう》として洛中貸し付けにあたっている。撫で斬りを厭《いと》わない攻撃性を見せる一方、同じ手で田地一反あたり一升の徴収という細々とした事務作業もできるというのが、光秀という人物だった。

その際には当時、京の市場で用いられていた十合枡＝京枡《きょうます》に枡の統一が計られ、以後、信長の分国では基本的にこの枡が用いられていくのだが、軍事だけでなく内政にも深くかかわっていた点に光秀の特徴があるといえる。

このように存在感を増した光秀であるが、大きな出世は義昭・信長連合軍のなかでひときわ目立つことになり、軍事においても大きな期待を背負うことになる。

その象徴が坂本城の築城である。元亀三年閏《うるう》正月六日以降、光秀は坂本城の造営に取りかかり、同年一二月二四日に落成する。坂本城主明智光秀の誕生である。文字通りの山城だった宇佐山城を東に下り、かつて自身が焼き払った坂本の間近にあらたに城を築いたのだが、この陣替えは直接的には越前朝倉攻めを視野にいれた配置であった。

三月の朝倉攻めで光秀は滋賀郡の和邇《わに》に詰めているが、ただし、そのまますぐに朝倉攻めに至ったわけではない。四月には三好義継《よしつぐ》、松永久秀が反旗を翻《ひるがえ》しており、その攻撃のために、四月一六日に河内《かわち》へ転戦を命じられ、五月九日には義昭昵懇《じっこん》の光浄院暹慶《こうじょういんせんけい》（山岡景友《やまおかかげとも》）を「上山城守護職《かみやましろ》」に任命するなど戦後処置を行っていた。

七月に信長は江北攻めを再開し、小谷城攻城のために二七日に虎御前山《とらごぜやま》に陣をとる。ここには柴田勝家、丹羽長秀、羽柴（木下）秀吉が参加しており、主力であった。

坂本城跡（大津市）

では光秀の役割はどうだったかというと、光秀は主に湖上で水上戦を展開し、後方を攪乱《かくらん》する役割が期待されたようである。おそらく、琵琶湖岸に建てられた坂本城から船が出されたのだろう。

このように戦力としても計算できる存在になった光秀だが、立場としてはいまだ足利義昭麾下の存在だった。そのために当然ながら、信長の戦争ではいまだ補助的な役割を果たすに過ぎなかったのである。

第二部　文官から武官へ

第五章　織田家中における活躍

連立政権の解体

　武と文の両方で織田信長からも注目されはじめた光秀だったが、信長から多くの所領を与えられた一方、依然として立場は足利義昭の家臣の一員であるという変則的なあり方を示していた。しかし、天正《てんしょう》元年（一五七三）に将軍義昭が信長と離間してから光秀はいち早く信長方となる道を選び、状況は大きく変化する。まずこの時の光秀の動向を記そう。

　天正元年二月、将軍義昭が信長に反旗を翻し、それに呼応して六日に洛北岩倉の山本対《やまもとつし》馬守《まのかみ》・渡辺《わたなべ》宮内少輔《くないのしょうゆう》・磯谷久次《いそがいひさつぐ》らが、義昭方に付き、信長方となった光秀から離反する動きを見せた。同月二九日に光秀は、磯谷が拠る今堅田《いまかたた》の城を攻め、落城させた。

　この合戦では光秀軍も一八名の犠牲者を出したが、三月三〇日には賀茂に陣を布き、翌月二日に一帯を焼き払っている。

四月二七日に信長と義昭はいったん和与し、しばしの平穏が訪れた。この間、光秀は、今堅田攻略の軍忠として大津船大工の三郎左衛門に諸役免除特権を与え、また大津西教《さいきょう》寺《じ》に先の今堅田攻めで戦没した配下の霊供を寄進するなど、戦後処理にいそしんでいた。その時の戦死者は、次の通りである（「光秀」三二）。

千秋形（刑）部	二月廿九日	壱斗弐升
井上勝介	二月廿九日	壱斗弐升
堀部市介	三月朔日	壱斗弐升
武藤助次郎		壱斗弐升
増位新太郎	二月廿九日	壱斗弐升
可児与十郎	二月廿九日	壱斗弐升
木村次郎兵衛	三月朔日	壱斗弐升
中嶋左内	二月廿九日	壱斗弐升
佐藤又右衛門	二月廿九日	壱斗弐升
斎藤与左衛門	二月廿九日	壱斗弐升

同　彦次郎　二月廿九日　壱斗弐升
久世城右衛門　二月廿九日　壱斗弐升
遠藤出羽　二月廿九日　壱斗弐升
鱸喜四郎　三月朔日　壱斗弐升
藤田伝七　二月廿九日　壱斗弐升
恩知左介　壱斗弐升
清水猪介　二月廿九日　壱斗弐升
中間　甚四郎　三月朔日　壱斗弐升
以上十八人
右、討死之輩命日霊供の為、寄進せしめ畢、仍て件のごとし
咲庵
元亀四年五月廿四日　光秀（花押）
西教寺
御納所

谷口研語氏の研究をもとに彼らの素性を述べると、千秋刑部は詰衆三番の千秋月斎の子息であり、斎藤与左衛門と彦次郎が光秀家臣斎藤利三《としみつ》の一族、そして藤田伝七《ふじたでんしち》が光秀家臣藤田伝五《でんご》の一族と見られる。恩知左介《おんちさすけ》は先の和田宛書状に登場した「恩上」の関係者、可児与十郎《かにょじゅうろう》については美濃国可児郡の出身と谷口氏は推測している。それ以外は、人物比定が困難な者ばかりであり、身分的には小身の武士にすぎない。

しかし、光秀の寄進状は、ここに見られる通り、討ち死にした日付を細かく書き分けた、実に丁寧なものであり、まださほどの身分ではない、牢人あがりの光秀に従ってくれた者たちへの哀惜の念に満ちている。

おそらく彼らのなかには称念寺牢人時代からの知己もいたかと想像されるし、斎藤や可児に至っては、牢人以前の美濃時代からの家臣だった可能性も出てくるだろう。彼らはまさしく辛苦をともにした仲だった。「なてきり」に見られる敵方への峻烈な対応とうらはらの、家中への強い思いが読み取れるのである。

義昭の再蜂起

六月二八日には吉田兼和が坂本へやってきて「天主之下」に建てた小座敷で連歌《れんが》会を行

っている。坂本城にはこの時までに天主が完成しており、それは前年末の大改修の際に築かれたのだろう。あたかも義昭と信長のあいだの、きたるべき抗争に備えたかのようなできあがり具合だった。

このような平穏もつかの間、七月三日に義昭は再度蜂起する。この知らせに接した信長は七日の未明に大津に着き、光秀も信長と行動を共にしていた。一八日に義昭は宇治の槇《まき》島《しま》城で降伏して、河内国若江《わかえ》城に蟄居《ちっきょ》を命じられ、将軍の反乱はこのように迅速に鎮圧されたのである。

余談だが、義昭は秀吉らの護衛をうけて蟄居先へ向かったが、秀吉は途中で引き返したらしく、その後に土一揆《つちいっき》の落ち武者狩りにあい、御物を奪われるというさんざんの体だった。

光秀はその後も義昭方についた勢力の掃討にあたり、二四日には、洛北の静原郷の山本対馬守を攻めている。その結果、恩賞として光秀には近江国の木戸・田中城が与えられた。光秀が義昭方としてデビューを果たした田中城である。

以上のように義昭との直接の戦いはあっというまにケリがついたわけだが、このことを裏付けるように、信長は義昭の没落後、何事もなかったかのように軍事行動を展開する。

朝倉・浅井の滅亡

八月一〇日に信長は浅井・朝倉攻めを再開し、光秀もこれに同道している。今回は決着がつき、二〇日に朝倉義景は敗死。浅井氏の居城小谷城も陥落し、光秀は羽柴秀吉、滝川《たきがわ》一益《かずます》らとともに八月二八日には越前織田大明神に当知行安堵を行っている。光秀の織田軍中としての初めての遠征といってよいだろう。三名の安堵状は九月一九日付のものが残されているから、光秀もこの時まで越前に在陣していたことがわかる。

越前は光秀が牢人時代を過ごした地であり、勝手を知った土地だったわけだが、朝倉氏の滅亡も含めて、この時の光秀が何を思ったかは史料には記されていない。しかし、この点を考える手がかりとなるのが、早くから知られる次の史料である(「光秀」三三二)。

今度、竹身上之儀付而《つきて》御馳走之段、祝着《しゅうちゃく》せしめ候、恩賞として百石宛行《あてがい》候、全て御知行有るべく候、恐々謹言

天正元　　　　　　　　明知(智)十兵衛尉

八月廿二日　　　　　　　　光秀

服部七兵衛尉殿

内容は、竹のことでいろいろ立ち働いてくれた功績として恩賞一〇〇石を与える、というものである。高柳光寿氏によると、宛名の服部七兵衛尉は朝倉家旧臣で織田軍に付いた前波長俊の家臣である。ここで話題となっている、竹について、高柳氏は次のように述べている(『明智光秀』)。

この竹という男は義景《(朝倉)》の近臣か何かで、それが義景滅亡の際に危うかったのが、七兵衛尉の盡力で命を全うしたというのではあるまいか。それにしてもそのために光秀が知行百石をやるということは、竹と光秀との間柄は相当に深かったものと推測されるのである。

竹とは、義景の近臣ではなく、高柳氏が『明智光秀』を執筆した時には明らかでなかった、光秀の称念寺門前での牢人時代の知己だったのではないかと想像してしまうが、ここからもまた敵に見せるものとは異なる光秀の別の顔が垣間見えるのである。

京都代官の兼任

義昭没落後、名実ともに織田家の家臣となった光秀だが、このことは激務の日々の始まりを意味していた。近江湖西の統治だけでなく、京都の市政を担当する代官の役割も任されたからである。

天正元年の一二月中には村井貞勝と両名で京都代官として職務を執りはじめ、両者による京都行政は、光秀が丹波攻略に赴く天正三年七月まで続くことになる。その後は、村井貞勝単独での執政へと変化するわけだが、天正元年一二月以降、光秀は、坂本城主、京都代官、軍事指揮官としての立場から、坂本、京都、戦場を頻繁に往復することになる。

天正二年正月一一日に松永久秀開城後の多聞山城に留守番として入城し、二月四日までは多聞山城で相論の裁許などの雑務処理に当たっていた。

しかし年頭から、各地で戦闘や反乱が相次ぎ、織田軍はそれへの対応に追われることになる。光秀にとっても軍事の比重が増していた。

まずは甲斐武田軍の侵攻である。二月に武田勝頼《かつより》が美濃明智《みのあけち》城を攻撃し、二月五日には信長・信忠親子が救援に向かった。その際に、光秀は多聞山城の留守を細川藤孝と交代し、美濃に向かったらしい。

同じころ、一月に越前で一揆が発生し、秀吉や丹羽長秀が敦賀に派遣されていたから、とにかく人手が足りなかったのである。しかし美濃東部の奪還はならず、信長は二四日に岐阜に帰陣し、その前後に光秀も坂本へ帰っている。美濃方面戦は持ち越された。

激務に奔走する

このように戦闘が同時多発的に勃発していたわけだが、この間に信長は、できることから着実に物事を進めていた。七月六日には義昭についた三淵藤英《みつぶちふじひで》・秋豪《あきひで》親子が坂本城で自害を命じられたが、その検死に城主である光秀は立ち会っている。

さらに同じく七月に信長は伊勢長島《いせながしま》の一向一揆《いっこういっき》攻めに向かう。そのなかには佐久間信盛や柴田勝家、秀吉らが参陣している。

ただし信長の目は長島だけに向いていたわけではなかった。同時に石山の本願寺もにらんだ摂津方面軍も展開され、光秀は、八月にはその後詰めとして京南郊の鳥羽近辺に在陣している。

光秀は、その間の八月一九日にも、京都代官として東寺から提出された訴訟関係文書をチェックし(「東寺百合文書」メ函二八〇号)、さらに九月には細川藤孝とともに摂津・河内に侵攻して、一八日には河内・大和国境に位置する飯盛山《いいもりやま》で一揆を討ち取っている。その上、一一月一四日には大和国にまで足を伸ばすといった具合である。坂本に帰城したのは一一月一六日のことであった。

基本的にこのあいだは野営であるのは当然である。さらに坂本に帰っても、例えば一二月二一日には村井と連署で安堵状を出していたから、おそらくは一度京都へ出向いており、軍事と内政をあわせて相当の激務であった。移動は馬上だから、現代社会の分刻みの忙しさ以上に、疲労の蓄積は相当なものがあったと推察される。

加えて、迅速さと成果が常に求められる織田家の部将であることは、当然ながら部将たちに相当な心労も与えていたに相違ない。織田政権の部将の多忙さはほかの大名諸家と比べても群を抜くものだったのである。

京都代官の実態

このように各地で戦闘が繰り広げられるなか、光秀は同時に京都代官としても働いていたわけだが、その政務の実態はどのようなものだったのだろうか。

転戦を重ねた光秀がどのように京都代官の職を果たしたかについては、天正二年一一月

一四日付で光秀が光源院にあてて出した書状に、

随って彼寺（光源院）の儀、村民（村井貞勝）入魂《じっこん》に申され候由、尤もに候、帰陣せしむにおいては、相談を遂げ、疎意有るべからず候。

とあるので、両名相談の上で文書が出されたことがわかる（「光秀」五三）。

となると問題となるのは両者が落ち合った場所である。双方とも多忙を極めていたから、京都で二人が落ち合った際に行われたのかもしれない。

では、その場所はどこか。村井の居宅は初めは東洞院三条《ひがしのとういんさんじょう》、のちには本能寺前町にあったらしい（『織田信長家臣人名辞典』）。

一方の光秀の京都代官としての拠点としては、既に序章で触れたように、光秀の京都宿所として施薬院全宗邸（『兼見卿記』元亀三年九月一五日条など）が見え、天正五年九月一四日にも上洛した際に同所が宿泊所となっており、同所が在京拠点の一つであったことは確かである。そこで訴訟の受付や村井との談合が行われた可能性があるだろう。京の村井邸、施薬院邸で相談しつつ、連署《れんしょ》の文書が出されたと判断しておきたい。

なお、両者の連署順であるが、

年月日　　　　　光秀（花押）
　　　　　　　　貞勝（花押）

と光秀が日付の下に署名する場合と、

年月日　　　　　貞勝（花押）
　　　　　　　　光秀（花押）

と貞勝が日付の下に署名する場合が見られ、一定していない。ただし前代に作成されていた室町幕府奉行人連署奉書の場合、訴訟の担当奉行が日付の下に書判を据えていたから、この点も踏まえると、日付の下に署名した人物が、訴人から訴訟をうけつけた人物ということになるだろう。光秀、貞勝の連署順も同じ法則であったと推定できる。訴訟を受理した方が、適宜、もう一人と協議して京都市政は進められていたのである。

信長の道路政策

このように信長は多方面で軍事作戦を展開し、それにあわせて部将以下をあちこちに動かし激務を強いたのだが、ただ指示するだけではなく、よりよく部将を動かせる工夫をしていた。その一つが道路の拡張工事である。

信長は天正二年閏一一月に膝下《しっか》の分国である尾張国に対して、道路と橋の整備を命じた。これはさらに分国全体に拡張され、尾張国と京都を結ぶ道も改修された。実際に翌天正三年三月には、

スリハリ峠ヲヨコ三間《けん》、深サ三尺ニホラル、人夫二万余、岩ニ火ヲタキカケ上下コレヲ作ル、濃州ヨリハ三里ホトチカクナルト也、田ヲモウメラル、由也

というような道路工事が行われた様子が、当時の日記に記録されている。

摺針峠《すりはりとうげ》は現在の滋賀県彦根市の直ぐ北にある峠で、山道だけに道路の幅も狭かったと思われるが、道を掘り下げた上で、それを横三間＝約五メートル半に拡幅したことが記されている。さらに田地も埋めたとあるから、私有地を収公《しゅうこう》しつつ、まがりくねった道を

排して最短距離を行けるように直線道路を作ったと推測される。

それには当然のことながら人手が必要だった。先に引用した日記には二万人余りが動員されたと記されており、もちろん若干の誇張があるにしても、峠の山道の道路を開削する作業は大変な労力であったと想像されるから、大規模な人員が動員されたことは間違いないだろう。

実際、そのほかの地域でも事情は同じだった。『兼見卿記』天正三年二月条によると、一五日に信長の命をうけて近江と京を結ぶ山中路六百間分を吉田郷、そのほかを白川郷、麓から京までを上京の住人たちが負担したことが記されている。作業はその翌日から開始されて二七日にまで及び、都合一二日間にわたる人夫役が賦課されていたのである。

このように信長は天正二年末以降、分国全体に多くの人員を投入した一大土木事業を展開していたわけだが、その動機としては当然ながら東海から畿内に伸びた自身の分国内の移動を速やかに行う意図があったと考えられるのである。

荘園制終焉への「道」

そしてその結果は次の通りだった。

そして以前、その諸国では、少なくとも道連れのない一人旅の場合には、日中でもあまり安全ではなかったのであるが、彼の時代には、人々はことに夏にはつねに夜間旅をした。彼らはその荷物をかたわらに置き、路傍で眠り込んでも他の人々が自宅においてそうできたほど安全となった。彼は道中のこの秩序と設備をその統治下の多数の諸国において実施させた。

これはイエズス会宣教師による記録だが、信長が道路整備を指示した結果、行き来は安全になり、夜間の通行も容易にしたのである。

実際、信長自身も、作らせた道の上を快適に移動していたようだ(「中務大輔家久公御上京日記」)。

さて織田の上総殿、おさか《(大　坂)》の陣をひかせられ候を(中略)見物、(中略)眠り候てとを

られ候、十七ヶ国の人数にて有りし間、何万騎ともはかりかたきよし申し候

これは天正三年四月二一日に上洛していた島津《しま》貴《づ》久《たかひさ》の日記だが、何万騎もの兵隊を率いていた信長が、馬上で眠りながら帰京していた様子が記されている。もちろん居眠りの原因は転戦の疲れによるのだろうが、整備された路面が、馬上でのうたた寝を誘発した側面も否定できない。自身が生み出した路上の安全を信長も眠りながら享受したことがここからわかるだろう。

そしてもう一つ見逃してはならないのが、「十七ヶ国の人数」、「何万騎ともはかりかたき」という記述である。

ここからは天正三年の夏の時点で、織田政権が大量の人員動員を可能にしていた事実が明らかになるのだが、これを可能にした大きな要因に、天正二年末以降に進められた道路整備事業があったことは間違いないだろう。信長は、大量の人員を迅速かつ安全に移動させることのできる、道路というインフラの整備を果たしていたのである。

しかし、当時の常識からすれば、このような大規模な動員を伴う土木事業は、まさしく常識外れの企《くわだ》てだった。

というのも、当時の土地は京都の寺社や公家が私有していた荘園ごとに区切られており、戦国時代になってその多くは失われていたものの、人足を動員するのには彼ら領主との個々の交渉が不可欠だったからである。

しかし信長は作事にあたっては荘園領主からの不入《ふにゅう》、すなわち人足拠出の拒否という訴えを認めずに動員を徹底した。その背景には延暦寺や上京を焼き払った信長の示威もあっただろうが、中世以来の既得権を認めなかったわけである。

その後に京都の領主たちに新たな領地を給与する政策も進めていくわけだが、このような信長の動きは最終的に荘園領主の縄張り意識をも形骸化させ、荘園制を終わらせる大きなステップとなったのである。

伊勢家の悲運

さておき、光秀が京都代官に任命されたのは、入京以来の洛中行政の実績に加えて、洛中に旧山門(延暦寺)領を所有している事実も大きかったと考えられる。そしてこの時期までには、それに加えて、室町幕府経済官僚の多くを、自身の配下に組み入れることになっていた。

ここで信長入京以前の幕府官僚の動向を少し整理しておこう。

先にも少し触れた通り、代々幕府政所執事の任にあった伊勢家は、経済官僚としても有能な家柄だった。

しかし、永禄五年（一五六二）に伊勢家当主の貞孝《さだたか》が三好軍との戦いで戦死してからは、没落の一途をたどっていた。貞孝の孫にあたる貞為《さだため》は、義輝暗殺後、義昭と後継将軍の座をあらそった義栄《よしひで》の麾下に参じていたが、その貞為も義栄とともに没落してしまい、永禄一一年一〇月二二日に貞為の弟の貞興《さだおき》が義昭のもとに出仕し、家名存続に望みをかける有様だった。

このように足利家の家政や幕府財政に通じていた伊勢家はこの時に実質上、解体していたことがわかるのだが、一方で家臣団も含めた伊勢家の人材は、人材不足だった義昭・織田軍からすれば、手に入れたい人材であり、渇望の対象でもあった。

元亀二年（一五七一）に、織田信長は天皇家の財政を立て直すことを目的に山城国に段米という田地にかけられた税を賦課したが、それにあたり、政所要職への就任と、財政の保証を条件に伊勢貞興に対して徴収に協力するように要請した。

しかし貞興はこの時まだ一一歳の子供であり、信長が求めたのは、旧家臣団も含めた人材そのものだったのだろう。その時、お目付役的な役割が期待されたのが、足利義昭家臣の三淵藤英だったらしく、彼は伊勢貞興が行った裁許を遵守するようにもとめた書状を発給したりしている。三淵藤英は幼少の貞興のお目付役だったわけである。

しかし先に触れたように、その藤英も義昭の蜂起の際には義昭方となり、最終的に天正二年に坂本城で馘首《かくしゅ》されてしまう。

では三淵が目付役を務めた伊勢貞興以下の幕府官僚はどうなったのだろうか。

実は義昭没落後の彼らの動向は全くわからず、可能性としては目付役だった三淵藤英とともに、反信長の側にまわってもおかしくなかったはずだが、結果からいえば、伊勢家古参の三上《みかみ》・蜷川《にながわ》らが、のちに光秀の家臣となっていた。伊勢貞興自身も山崎合戦で光秀方として討ち死にしていたことを踏まえれば、三淵藤英没後に伊勢家家臣団全体が光秀家臣団に吸収されたことになるだろう。

折しも京都代官の任にあった光秀からすれば、京都支配にあたっては彼ら財務官僚たちの才覚は大いに役立ったに相違なく、旧山門領という経済基盤に加え、光秀は人材という大きな財産もまた手に入れていたのである。

第六章　信長の推挙で惟任日向守へ

長篠の合戦

天正三年（一五七五）は織田軍の分国支配のあり方が再考される時期である。その過程で光秀が織田軍の主力として活用されると同時に、京都代官の職務から離れることになる。

前年来の一向一揆攻めは続き、信長以下、柴田勝家や丹羽長秀が河内《かわち》に出陣した。光秀も四月四日には本願寺方の一角をになっていた三好康長《みよしやすなが》を攻略するために先駆けとして出陣している。河内陣では信長の側におり、時折、青蓮院門跡に信長書状を伝達するなど京へも向かっていたようだ（『信長』五〇四）。

河内高屋《たかや》城の陥落後、二八日に信長は上洛しているから、光秀もおそらく帯同して京都へもどったと見られる。

再び侵攻してきた武田勝頼を迎え撃つため、五月一三日、信長は岐阜《ぎふ》城を出立した。織

長篠合戦図屏風（長浜城歴史博物館蔵）

田軍主力としては秀吉、丹羽長秀、滝川一益が一軍に編成され、北陸では前田利家《まえだとしいえ》、佐々成政《さっさなりまさ》らが鉄砲足軽を組織している。

光秀も帯同するが、出陣は若干遅れている。というのも、上洛していた島津家久《しまづいえひさ》一行を、一四日に坂本城でもてなす必要があったからである。内政と軍事に加え、接待も任される、まさしく超人的な働きである。

その際、光秀は三畳敷の部屋がある船で琵琶湖《びわこ》遊覧などを行っており（「中務大輔家久公御上京日記」）、対外的に織田家中の余裕を感じさせる必要があったのだろう。五月一七日に筒井順慶《つついじゅんけい》が鉄砲衆として奈良を出立しているから、この頃までに光秀も長篠《ながしの》に向かっていたと見られる。世に知られる長篠の合戦である。

勝因は何か

この戦闘では信長の鉄砲隊の起用方法が注目されてきたが、近年は三段撃ち戦法が、後世の創作であったことが指摘されている。彼がこの戦いで鉄砲を用いたことは、右の動員の実態からも明らかだが、それが勝因の全てではなかったとなると、勝敗を分けたのが何だったかを考える必要があるだろう。

そこで注目したいのは、右で概観した通りの北陸から南都に至る織田軍の総動員体制である。

先述したように、信長は天正二年末から、軍隊の迅速な移動を果たすために、分国内全ての道路の普請に取りかかっており、少なくとも天正三年前半までには尾張から京に至る工事をほぼ終えていた。この事実を踏まえると、北陸・南都からも召集された軍勢は、工事が完了して間もない道路の上を速やかに移動して、勝頼攻めに向かっていたことになるだろう。道路整備に伴い可能となった、広範に展開した織田分国からの大規模な動員が、今回の勝因だと考えられるのである。

このような総動員体制もあって、五月二一日の長篠の合戦で織田軍は勝利をおさめたが、光秀はといえば、二四日には坂本に帰城し、吉田兼和の見舞いを受け、信長からの感《かん》状《じょう》を見せている。上機嫌である。

そして七月三日に信長の推挙で惟任《これとう》へ改姓して日向守《ひゅうがのかみ》に任官し、以後、惟任日向守光秀となる。これまでの織田軍への貢献が認められたかたちになったわけだから、機嫌がよいのも当然といえば当然だろう。ただし、この報償はさらなる大きな役割を務めさせられることとうらはらでもあったが、この点については後述する。

丹波攻めの開始

八月一二日に信長は岐阜から越前一向一揆攻めに出陣。この時、光秀は信長より遅れて出陣したようで、八月一五日に参陣している。その翌日の一六日に越前一向一揆を平定し、信長自身は二四日に越前より帰ったが、光秀は戦後処理を担当し、坂本へ帰ったのは九月二四日のことだった。

以上に見た本願寺戦争や長篠の合戦では、いまだ光秀は補佐的な役割だった。越前参戦も日程的に見れば、戦後処理担当としての召集だったのに相違ないだろう。

しかし光秀も、織田軍の一軍の大将としての役目を任されることになる。それが丹波攻めである。

天正三年(一五七五)一〇月一日には、光秀を大将とする丹波攻めが開始され、光秀は八日には丹波に向かい、戦況を信長に伝えている。実はこの冬の丹波攻めの総指揮を任されることは、六月には示唆《しさ》されており、それは丁度、惟任改姓、日向守任官が進められていたのと同じ時期にあたる。先に見た報償は、期待と責任の増大を意味していた。

光秀は、信長の期待に応えるべく、正月をまたいで丹波に在陣していたようで、『言継卿記』天正四年正月一五日条に、旧冬以来在陣していた旨が記されている。出陣準備のためで、さすがにこの間、京都奉行の職も遂行しにくかったようであり、七月一〇日付に村井貞勝単署の安堵状が出された後、光秀は遅れて一四日付けで安堵状を発給している。

ここに至り、京都代官と一軍の将の兼任は物理的にも難しい状況となり、これ以降、京都代官は村井貞勝が単独で務めることになるのである。

第七章　丹波攻めでの挫折

統治が難しい丹波国

丹波の山々は、そう高くはないものの急峻である。光秀が攻略を命じられた丹波国は、山と盆地が入り組んだ地形の複雑さとあいまって、戦国時代には統治がきわめて難しい地域であった。

室町時代には幕府有力者である細川家が守護の任につき、その家臣である内藤《ないとう》氏が守護代の役割を主に果たしていたが、細川家の勢力が縮小していくと、実質は守護代内藤氏が丹波国の一大勢力と化していた。

しかし永禄七年(一五六四)七月に三好長慶が死去すると、永禄八年八月には赤井直正《あかいなおまさ》が内藤宗勝《そうしょう》を打ち破り、須知《すち》氏などの有力者たちも赤井方に属するようになる(『多聞院日記』永禄八年一〇月八日条)。ここに至り、丹波国は畿内の最大勢力だった旧三好長慶派に対抗するようになったのである。

この赤井直正は荻野悪右衛門《おぎのあくえもん》とも称していたが、彼が反三好派だった以上、彼が三好方勢力を一掃し、足利義昭を奉じて入京した織田信長に従ったのは、当然だった。

しかし信長が義昭と離間してからは、赤井直正は信長に対して反旗を翻し、黒井城に籠もったのである。在地勢力の二転三転する態度も、丹波国統治の難しさに拍車をかけることになった。光秀が平定を命じられたのは、このように人心と領土双方の統治が難しい土地であり、光秀は丹波攻略に大いに苦戦することになるのである。

波多野秀治肖像（東京大学史料編纂所蔵、模写）

波多野秀治の裏切り

丹波国平定の難しさを象徴するように、天正四年（一五七六）正月一四日、恭順の意を示していた波多《はた》野《の》秀治《ひではる》が反乱をおこし、光秀は敗戦し正月二一日に白川を経由して坂本へ帰陣した。二月一八日に再び光秀は丹波へ下向しているが、本格的な軍事活動再開には至らなかったらしい。一軍をまかされた光秀だったが、ここで大きな壁に直面することになった。

しかしだからといって織田軍をとりまく軍事状況が、軽減されるはずもない。四月には本願寺が再び蜂起し、信長は光秀・細川藤孝らを大坂攻めに派遣、光秀は一四日に坂本を発して河内平野《ひらの》に在陣している。

今回の攻防も激戦を極め、大坂本願寺攻めで、大和の支配を任されていた原田備中守《はらだびっちゅうのかみ》直政《なおまさ》が戦死するに至っている。

この直政、改姓以前の姓名は塙《ばん》であり、光秀と同じ時に改姓、任官を遂げた人物だった。つまりは期待されていた人材だったわけだが、その彼が討ち死にするほどの激しい戦いだった。

光秀の病休と亀山城築城

原田の戦死後、光秀はそのフォローにもまわったらしく、五月三日に原田の後任として筒井順慶が大和を管轄する旨を、大和へ来て伝達している。

しかし相次ぐ激戦の故か、光秀は五月二三日に所労を理由に帰京し、曲直瀬正盛《まなせしょうせい》邸で療養している。七月一四日には、吉田兼和が坂本へ見舞いに向かったから、この頃には帰城していたようだ。

光秀のその後の動向は不明だが、坂本にて療養を続けていたと見られる。

一〇月二七日には「女房衆所労」のために光秀も上京し、一一月二日まで在京していた。丹波国侵攻は戦国期の勢力のいずれもが手を焼く難所だった。織田軍の一翼を期待された光秀の主役としてのデビューはきわめてほろ苦いもので、かつ同時進行の本願寺との合戦も、下手をすれば自身も戦死したかもしれない大きな負担だった。光秀自身だけでなく家中全体が満身創痍だったのである。

しかし、今回の挫折の日々は、光秀に戦略を練る時間を与えていたようだ。それが、丹波攻略のための新たな戦略拠点の構築であり、具体的には亀山城の築城である。

この点を福島克彦氏の研究を参照しつつ、述べておこう（「光秀」七一）。

来五日より十日に至り、亀山惣堀普請申し付け候、（中略）、各《おのおの》其意を得られ、鋤《すき》・鍬《くわ》・もつこ以下、御用意有り、亀山に至り御越尤もに候、恐々謹言

日向守

正月晦日　　　　　　　　光秀（花押）
長又五
小左
森安
各々中

この書状は天正五年に出されたもので、宛名はそれぞれ、丹波国の光秀方である長沢《ながさわ》(中沢)又五郎《またごろう》、小畠永明《こばたけながあき》などである。光秀は従来は余部城《あまるべ》を丹波攻めの拠点としていたが、そこから南東一・五キロメートルほど離れた先に、新たに「亀山《かめやま》」と名付けた新城を造営していたのである。

その目的は、「亀山惣堀普請」の要請からもわかるように、拠点のさらなる要害化だろう。仮にまた丹波攻めで苦戦しても、十分に維持できる拠点を構えて、粘り強く攻略を続ける覚悟をここに固めたのである。

そしてこれは、光秀の領国支配の転換点でもあった。

今回の人夫役動員は、六日間限定で、鍬・鋤・もっこを持参させて、堀を掘らせるといった素朴なものであったが、戦争の拡大を背景とする普請の増加は、人夫役負担を増大させていくことに直結したからである。この点については、またのちに触れることになるだろう。

とまらない織田軍

それにしても、信長は戦闘をやめない。

天正五年（一五七七）二月に信長は雑賀攻めを開始し、長岡藤孝《ながおかふじたか》（細川藤孝が改姓）、荒木村重《あらきむらしげ》とともに光秀は根来表《ねごろおもて》まで出陣している。二二日には、光秀と藤孝、及び筒井順慶らが海上から雑賀《さいか》に迫ったことが『信長公記』に見える。

その後も光秀は南河内に在陣していたようであり、七月二七日には雑賀衆が再び蜂起した際に、光秀への援軍要請が行われ、八月一五日に筒井順慶が和泉久米田寺《いずみくめだでら》に到着して佐久間信盛軍に合流している。

その後、光秀は九月一四日に上洛し、徳雲軒＝施薬院邸に逗留するなど、しばしの休息を得ている。同月二七日には近江来迎寺《らいごうじ》に寺領寄進を行っている。

もちろん細かな移動はあっただろうが、このように見ると二月から八月までの半年間、光秀は南河内に在陣していたようで、九月に入りようやく、まとまった休養をとることができたことになる。

しかし、寺領を寄進した同日に、今度は松永久秀が反乱を起こした。休養をとっていた光秀は、一〇月一日には信貴山《しぎさん》城で松永久秀と合戦。一〇日に同城を落城させた。連戦に疲れ果てていたはずだが、勢いそのままに光秀は一〇月二九日には丹波籾井《もみい》城へ向かい、丹波制圧を再開することになる。

光秀は一転して活発な動きをみせはじめたわけだが、実はこの間、あるきっかけで、大和国支配の一端に関わることになり、そこで得た手応えをもとに、再び自信を取り戻していった。そこで以下では、いったん視点を変えて、光秀が自信を回復する一つの契機となった、大和国で起こった、ある裁判の経緯を見ておくことにしよう。

第八章　興福寺僧が見た光秀

混乱の大和国支配

あらためて、ここで当時の大和国の状況についてまとめておこう。

永禄一一年（一五六八）の足利義昭・信長入京後に大和国を押さえていた松永久秀が臣従したことは先に触れた通りだが、天正元年（一五七三）に義昭が追放されると、義昭方だった松永久秀が一二月に多聞山城を明け渡した。単独政権となった織田政権による大和国支配が本格的にはじまる。

しかし、その大和国支配は順調には進まなかった。

信長は天正三年三月に塙直政（天正三年以降は原田に改姓）に大和国の支配を任せたが、その原田は天正四年五月三日に本願寺との激戦のさなかに死亡し、大和国支配者の座は空席のままだったからである。信長による大和国支配は、早々に滞《とどこお》りを見せていたのである。

一方、公家を中心に興福寺の再興が進められていた。

天正四年一二月一六日と翌天正五年一〇月一〇日には興福寺維摩会《ゆいまえ》が挙行された。維摩会とは藤原家の始祖といえる藤原鎌足《かまたり》の忌日の一〇月一六日から七日間をかけて維摩経を講義するものである。このように維摩会は、摂関家《せっかん》と興福寺の関わりからしても重要な法会だったが、永禄七年(一五六四)に行われて以来、中絶していたのを一二年ぶりに再興したのであった。

また、天正四年六月二八日に近衛前久《このえさきひさ》の息子(尊勢)が興福寺の一乗院に入室したが、前久が信長と親しく、一乗院門跡が覚慶《かくけい》、すなわち足利義昭以降、空席だったことも踏まえると、一乗院尊勢《そんせい》の誕生は、前久と信長が連携して進められた南都再興の一環という評価が可能だろう。

荒廃する朝廷政治

そもそも大和国支配以上に、この時期の織田政権は、荒廃して久しかった朝廷・寺社政治への対応に苦戦していた。

天正三年に信長は勧修寺晴右《かじゅうじはれみぎ》、中山孝親《なかやまたかちか》、庭田重保《にわたしげやす》、甘露寺経元《かんろじつねもと》らの公家を抜擢して、朝廷・寺社政治を建て直そうとしていた。しかし、翌天正四年、彼らの訴訟審理の際の不手際が発覚したために、彼らは奉行を解任された。信長による朝廷・寺社政治の再建は早くも暗礁《あんしょう》に乗り上げていたのである。

一方で天正四年には、信長は美濃国岐阜城から近江国の安土城に拠点を移して畿内支配を本格化させるなど、政権基盤を拡大させており、近衛前久が主導する形での興福寺再興に向けての動きは、朝廷・寺社政治の立て直しに苦戦していた織田政権にとっても歓迎すべきことであった。

このように公家側が主導するかたちで興福寺と大和国の再建が進められていたのだが、ここでも事は上手く運ばない。尊勢に戒《かい》を授ける戒和上《かいわじょう》の任にあった興福寺東金堂の胤《いん》秀《しゅう》が天正四年九月五日に死去し、一乗院の受戒会《じゅかいえ》が宙に浮いたからである。

さらにその後、天正五年八月一七日には松永久秀が信長に再び反旗を翻すなど、大和国状勢は混乱を極めるが、問題はこれだけに止まらない。そのあいだに東大寺が戒和上の就任を名乗りでて、興福寺との相論《そうろん》へと発展したのである。

実は東大寺は文安《ぶんあん》三年（一四四六）の戒壇院《かいだんいん》の火災以降、戒和上の座を興福寺に譲り渡しており、戒和上の座を取り戻すことは一〇〇年越しの宿願だった。有力部将の戦死や反乱、その間隙をつくかたちで再燃した南都を代表する二大寺院間の因縁の相論——。
天正五年に大和国支配は、混乱の極みともいうべき状態に陥っていたのである。

「戒和上昔今禄」

かくして戒和上をめぐり、興福寺と東大寺のあいだで法廷闘争が勃発したわけだが、その検討にあたり、取り上げる史料に「戒和上昔今禄」がある。

この「戒和上昔今禄」は金沢藩第五代藩主の前田綱紀《まえだつなのり》が蒐集した史料を明治になって編纂した史料群である「松雲公採集遺編類纂《しょううんこうさいしゅういへんるいさん》」(記録八七)に収められている。

「戒和上昔今禄」の内容は天正四年(一五七六)から五年にかけて、一乗院門跡となった尊勢に戒を授ける役目である戒和上職をめぐる興福寺と東大寺とのあいだの裁判に関する記録であり、記主は興福寺東金堂の空誓という僧侶である。

この史料は、相論が興福寺側の勝訴に終わった天正五年から遠くない時期に、随時、書かれていたものを集成しつつ、まとめられたものである。この史料の重要性は、天正五年段階の織田政権の寺社訴訟制度の実態が明らかになる点と、本書の関心からいえば、織田政権側の審理担当に任じられた明智光秀の肉声が多く記録されている点にある。

後者を先取りしていえば、彼は、物事を整理して理路整然と話すことができる人であり、そしてそのような人物にありがちなことではあるが、少々、早口であったようだ。そこでこの点も含めて、本史料の読解を通じて、興福寺僧である空誓の目から見た光秀の姿を追うことにしたい。

そしてこの作業を通じて、従来、知られていなかった光秀に関するさまざまな情報が明らかになるだろう。

織田信忠の大和国平定

まず前提となる政治状況から確認しておく。

松永久秀の反乱などによる大和国行政の停滞に転機がもたらされたのが、天正五年一〇月一〇日である。織田信長の息子信忠《のぶただ》が南都に進軍し、松永久秀以下を攻略、滅亡させた結果、大和国内における戦乱状況が小康を見て、滞っていた政務が再起動された。

一〇日の信貴山城攻めでは、織田信忠を大将に、光秀、羽柴秀吉が従軍していたが、作戦遂行後の一二日に信忠以下は帰陣することになった。その際、信忠は万見仙千代《まんみせんちよ》を案内として一乗院の庭園を見物した。興福寺としては、直接、信長に訴えができる大きなチャンスである。

この時、一乗院尊勢は疱瘡《ほうそう》のために信忠と対面できなかったが、代わりに応対したのが御乳人《おちのひと》と呼ばれた女性だった。彼女は本相論において大活躍を見せる人物だが、本来は若き一乗院門跡の身の回りを世話するために近衛家から南都に派遣された女性にすぎなかった。

一乗院門跡の受戒の件をはじめとして、同年に行われる興福寺維摩会の費用調達のために賦課された段銭免除の申請などもあり、信忠の来寺は興福寺にとって、この時に直面していた諸案件を嘆願するまたとない機会だった。

しかし、信忠に同伴した筒井順慶も、観庭後にはそのまま帰ってしまい、興福寺側は訴訟のきっかけをつかみそこねていた。そこで受戒会の当事者である御乳人が登場し、帰ろうとした信長側近の万見仙千代と何らかの話し合いを持つなど、これを機に、御乳人は本相論の解決と一乗院尊勢の受戒に向けて、積極的な動きを見せるのである。

折しも信長が岐阜から上洛するとの報が南都に伝わり、興福寺の動きも活発化する。

天正五年一一月一三日に信長が右大臣に任官するために岐阜城から上洛した。信長は上洛して、この年の閏七月にできたばかりの二条屋敷に赴き、一八日に参内している。日付でいえば、一六日付けで従二位、二〇日に右大臣へと昇進して、安土には一二月三日に帰国した。

信長上洛をうけて、興福寺も相論解決のために積極的に動きはじめた。しかしなかなかうまくいかない。

興福寺から筒井に対して、戒和上の件を伝えたが返事がない、続いて御乳人から万見仙千代へも依頼したが、筒井へ伝えるとの返答がきたものの事が進まない、万見が大和国から帰る際にも、再度、書状や使者を遣したが返答がない、という有様だった。

このような、ないない尽くしにしびれをきらした御乳人が、一五日に上洛を決意した。一乗院尊勢の受戒の遂行を訴える書状を信長に渡そうとしたのである。

御乳人、御妻木殿、信長ルート

彼女の奮闘の甲斐あって書状は信長に伝わり、今回の相論は信長の知るところとなった。その際、窓口として信長の意向を伝えたのが、光秀の妹、御妻木殿《おつまきどの》だった。その様子は次の史料に見える通りである。

一、則御乳人へ惟任妹御ツマ木殿ヲ以テ仰出《おおせいだ》サルル趣ハ、此申事、近年ノ有姿《ありすがた》ニ申付ラルヘシト内符（府）サマ御意也、コレニ依リ、惟任へ御チノ人ガ仰セラレ候テ、此趣、藤田伝五ヲ以テ、筒順へ申付ラル、也、（中略）廿三日ノ事也、仰出サルルハ廿二日ノ事也

上洛から八日後の二三日に御妻木殿という女性を通じて伝達された信長の回答は近年の「有姿」のままにするように、というものであった。

これをうけた御乳人は内容を光秀に伝達し、光秀は家臣藤田伝五を使者に「筒順」＝筒井順慶へ申しつけた。そして二三日深夜に筒井は南都へ下向し、興福寺に対して織田政権の意向を伝達したのである。

まず御乳人が信長にどのようにして接触したかについては、ここには明記されていないが、信長からの返答が御妻木殿を通じて行われたことを踏まえると、彼女が窓口となり、訴訟を取り次いだと見るのがまずは妥当だろう。信長と近衛前久の仲のよさを背景に、おそらく一乗院御乳人と信長の近くに仕えていた御妻木殿とのあいだに何らかのツテがあり、そのつながりを通じて今回の訴訟が織田信長の知るところとなったと推測される。

取次として活躍する女性たち

このツテについて、もう少し考察を加えよう。

先述したとおり、天正五年閏七月以降、信長は京の在所として、二条御所を設けたが、この建物は近衛前久邸の隣であり、さらに二条御所の近所には御妻木殿や光秀の京宿所も建てられていた。

つまり、右のような邸宅配置を踏まえると、近衛前久の子である一乗院尊勢の世話役として京―奈良を往復していたと見られる御乳人と、信長の内向・光秀の妹として、安土―坂本―京を行き来していたと思しき御妻木殿の両者は、京二条界隈で近所づきあいをしていた可能性が高いのである。

だとすれば、今回の訴訟は、興福寺だからという以上に、信長と親しい近衛家の関係者だったからという理由で受理されたということになるだろう。彼女が訴訟提起に積極的な動きを見せたのも、御妻木殿とのコネクションの存在が前提にあったと考えられる。

このような御乳人の人脈と活躍で、この相論は織田政権に受理され、担当となったのは光秀だった。

その経緯は「コレニ依リ、惟任へ御チノ人仰セラレ候」と記されているので、「惟任」

＝光秀に担当させることも信長の「御意」にあったのだろう。光秀が裁許にあたった背景としては、まず彼が天正元年以降、村井貞勝とともに京都代官として、訴訟裁許も含む京都の市政全般にあたっていた実績も大きかったと考えられる。

加えて、貞勝ではなく、光秀に任せるという判断の前提には、当然、光秀の妹である御妻木殿の存在も大きかったに相違ない。訴訟を取り次いだ御妻木殿と光秀の兄妹関係を背景に、その訴訟裁許に兄光秀があたることになったと考えられるのである。

このように今回の戒和上職相論は、個人的な関係をもとに訴訟が受理されたわけだが、このように非制度的なかたちで訴訟受理が行われた背景には、訴訟に対する信長と寺社側との考えが大きく乖離していたことがあった。

実は信長自身は、朝廷や寺社から持ち込まれる訴訟を取り扱うことに消極的だった。しかし一方、御乳人の活動に象徴されるように、公家や寺社は信長からお墨付きをもらうことに積極的であり、あらゆる手段を用いて、信長と接触をとろうと画策していた。その時に注目されたのが、女性たちの存在である。

つまり、裁判に対する信長と相論当事者たちの熱意の違いが、その隙間を埋める働きをした御妻木殿など、権力者に近い女性たちの取次としての存在感を高めたのである。

動き出した裁判

さて、二三日に信長の回答を得てからは、訴訟審理は加速して進められる。

廿三日ノ夜中ニ順慶下向スレハ、藤伝へ返事ニハ、和上ノ申事ニ付而《つきて》、近年ノ有リ姿ニ仕マツルベキ由、御掟ノ由ニ候、理不尽ノ儀候

二三日の夜中に藤田伝五から伝達をうけた筒井が早速に大和国へ下向して、その内容を興福寺側に伝えた。それをうけた返事が右に記されている。

すなわち、興福寺は近年の有姿通りという、審理もなく現状を追認する訴訟方針は「理不尽」であるということを筒井経由で藤田伝五に回答したのである。

結論を先にいえば、興福寺が勝訴を得たのが、この「近年ノ有リ姿ニ仕マツルベキ」という訴訟方針によるのだが、この段階で興福寺はその具体的内容を理解できておらず、逆に反発すら見せていた。だが、興福寺側の反応もわからなくはない。この有姿という方針はいかようにでもとれる内容の指示であり、織田政権の訴訟制度理解を難しいものにしているからである。

そして藤田伝五が今年も開催される維摩会のための使者として、大和国入りするとの情報が流れ、これに接した御乳人と空誓たちは急ぎ京から大和へ戻った。二八日に御乳人が伝五の宿へ向かい、興福寺側の主張をあらためて伝えている。

伝五はその後、坂本へ向かったが、またとんぼ返りで南都に派遣されることになった。おそらく伝五から報告をうけた光秀の指示だろう、一二月一日に大和国においてあらためて興福寺と東大寺の申し分を聞くことになったのである。

後手に回る興福寺

ところが空誓や御乳人といった興福寺訴訟担当の主力が、別件で上洛の途にあったために、審理の場に加われなくなっていた。あわてた彼らは審理の延期を筒井順慶らに求めたが認められず、代理の興福寺僧が箇条書きで記した一枚の紙切れを提出するのが精一杯だった。

東大寺、興福寺双方の支証を見た伝五と筒井は、興福寺側の書類に対しては、そのお粗末さに当然ながら否定的見解を示していた。

一方、現在も残される『東大寺要録』を提出し、鑑真和上《がんじんわじょう》から建久《けんきゅう》年間(一一九〇〜九九年)にかけての和上歴代の記述をもとに由緒を述べた東大寺の主張には得心し、判断は光秀次第と述べるばかりだった。訴訟戦略上、証拠書類の提出という点で、興福寺は東大寺に対して大きく立ち後れていたのである。

大和国での審理では大いに心証を悪くした興福寺側だが、形勢を逆転させるために、坂本の光秀に直談判する作戦を選んだ。それにあたり、御乳人と、空誓は訴訟方針を入念に確認した。

若《も》シ惟任、此方ノ申分非分トテ東大寺へ付ケラルレハ、両人上洛仕マツルベシ、安土へ今一往御伺アリテ　右府様次第ニアルヘシ、最前爪木《つまき》殿(坂本ニテハ客人ト云)、小《こ》比丘尼《びくに》モテ両度、仰セ出サルルモ、近年ノ筋目トナレハ、相違アルベカラザル也

「もし光秀が興福寺を敗訴とした場合、再度上洛して安土の信長にもう一度判決を仰ごう。この点については御妻木殿も使者の小比丘尼を通じておっしゃっているので、近年の筋目で裁許するという方針からすれば、大丈夫だろう」ということを確認したのである。

ここで突然、登場する小比丘尼は、他の史料にも御妻木殿の使者として登場する人物で

あり、例えば、彼女は信長の二条御所の「近所女房衆」として「ツマキ・小比丘尼・御ヤヤ等」としても姿を現している(『言経卿記』天正七年五月二日条)、つまりは御妻木殿の身の回りなどを世話する人物だった。

信長の二条屋敷の完成にともない、当然、それに合わせて御妻木殿たちも「近所」に住まいを構えていた。そして光秀もその近所に居所を構えており、光秀と御妻木殿の兄妹は、屋敷配置の上でも信長の意向を洩らさない体制を築いていたといえるだろう。

またこれも先述の通り、御妻木殿は坂本にも居宅があり、「客人」と呼ばれていたから、兄との連携も十分だった。

御妻木殿からの情報

光秀に直談判するならば、彼の動静を押さえなければならないが、このように緊迫した打ち合わせのさなか、光秀の動向に関するさらに新しい情報が興福寺側にはいった。光秀は日中会食予定があり、その後ならば面会するというのである。

この情報をもたらしたのは、小比丘尼である。そして小比丘尼が御妻木殿の側に仕え、彼女の使者となっていたことを踏まえれば、情報源は、当然、御妻木殿である。おそらく馴染みの御乳人に対する配慮だろうが、ここからも、光秀の動向に通じていた御妻木殿の姿が垣間見えるのである。

かくして一報を受けた一行は坂本をめざした。二時過ぎに京都を出立したところ、白河で近衛前久親子が鷹狩りしているところに出会った。そこで前久は信長から頂戴した三河の鷹で鷹狩りを行っていたというから、前久と信長の親密さ、そして信長の嗜好を反映して、京でも鷹狩りが流行していた様子がうかがえるだろう。

近衛親子と挨拶をすませたのち、吉田(現在の京都大学付近)から今道峠《いまみちとうげ》(山中越)を経て、坂本についたのはもう夜の七時だった。

迅速に下された判決

坂本到着時には日も暮れていたため、御乳人たち一行は宿をとる必要があった。

坂本行きにも同道していた御乳人おつきの二俣《にまた》が、藤田伝五の坂本屋敷へ向かい、留守人正光軒《しょうこうけん》と一晩の宿を交渉した。伝五はまだ大和に滞在しており、坂本を不在にしていたからである。

一行はおそらくここで一泊したのに相違ない。光秀への奏者は松田太郎左衛門《まつだたろうざえもん》が務め、予定とは異なるものの、朝食ののちに光秀と面会する予定がとれた。
いよいよ光秀の登場である。

光秀が伝五宿にやってきたのは、正午過ぎのこと。そこで御乳人と挨拶をすませたあとに光秀が述べた、この相論に関する所見は次の通りだった。

日中半時過ニ惟任、伝五宿ニテ御乳人ニ逢ハル也、其時向州云ハク、此中事之筋目、筒順一書ヲ以テ申越也、其趣ハ、

興福寺証拠ニアル文書ニ年号ナシ、判ナシ、落字以下アレハ信用シ難キノ之由 是一、
両寺ノ堂衆ノ中、時ニアタリテ一臈カナラス持儀存セザル由 是一、
近キ比《ころ》ニハ文安三ニ春宣《しゅんせん》持タル由 是一、
両寺之間ニ代々続テ持タル証跡ニハ、建久ノ比ニテノ間、東大寺ニ十代余ツツキテ持例アリ、興福寺ニモ十代余持ツツキケル例アリ 是一、
文安三ヨリ以後ハ興福寺ニ当時マテ持也 是一、

此申ヤウナリ、サリナカラ当家御公事ハ当知行、本ナレハ、興福寺道理ト心得ル間、聊爾《りょうじ》ニ一途大事ト申遣也

割注で書かれた「是一」は、おそらく「コレヒトツ」と読むのだろうが、光秀が「是一」と箇条書きで述べた内容は以下の通りである。

①興福寺が証拠として提出した文書には年号も判もない。文字の欠落などあれば信用できないだろう。
②興福寺と東大寺の堂衆のあいだで、一臈(長老)が必ず戒師となることはない。
③最近では文安三年に春宣が戒師を務めた。
④興福寺と東大寺のあいだで代々続けて戒師を務めた例は、建久年間に東大寺が一〇代続いた例があり、一方の興福寺にも一〇代以上続いた例がある。
⑤文安三年以降は、現在まで興福寺が戒師を務めている。

光秀は以上のように興福寺と東大寺から得た情報を列挙した上で、「サリナカラ当家御

公事ハ当知行本ナレハ、興福寺道理ト心得ル」と根拠を示した上で、興福寺勝訴の判決を下したのである。

光秀と面会してから、判決に至る過程は、驚くほど迅速だった。

信長の裁判方針

この記述ののち、空誓は光秀の裁許を「惟任日向守殿聞テ申サレヤウハ、一々明察ノ申ヤウ紛レ無キ理運也」と絶賛し、彼の発言を次のようにまとめている。

> 近比東大寺ニ持タリト証拠ニスル文安三年ノ官宣《(官宣旨)》ハ百卅《ひゃくさんじゅう》二《に》年ナリ、是モ持タリトモ証跡ト成スベカラズ、当右府様ノ御公事ハ、御入洛二年已前ノ永禄九年迄ノハ事ニヨリテ御モチイアル也、然ラハ入ラザル反古也、当知行分ヲ以テ御下知有ルベキノ間、興福寺理運タルヘシ、是一

この部分の概要は以下の通りである。

東大寺の提出した文安三年の官宣旨《かんせんじ》は一三二年前のことであり、これは裁判の証拠とならない。なぜなら信長の裁判基準は入洛した永禄一一年からせいぜい二年前の永禄九年までの証拠は採用する場合があるが、それ以外はただの反古だからである。

東大寺が一三〇年越しで、興福寺に奪われていた戒和上職の回復をはかったことは、先に触れた通りだが、その際に証拠書類として、現在にも伝わる『東大寺要録』を提出するなど準備は万端だった。本来ならば、これで大きく勝訴に近づいたはずである。

しかし、織田政権の永禄九年より前の支証は裁判の証拠として採用しないという当知行安堵という現状追認の方針は、東大寺の提出した『東大寺要録』も含めて、「反古」、すなわち無効とするものだった。

『東大寺要録』が東大寺の歴史をつづったものである以上、これはまさしく歴史の否定であり、極めて乱暴な内容である。ここに見られる判決結果はこれまで集積してきた文書群を、権利書として効力のないものと認定したわけであり、当事者たちにとって大きなインパクトを与えたといえるだろう。

このように信長の裁判方針は、理非をわきまえたものとはいえない、横暴な内容だったわけだ。だが、多くの人々が、強大な権力となりつつあった織田政権の裁許を求めていた以上、判決がいかなる乱暴なものであっても、社会は「当右府様御公事」の法度《はっと》を受け入れざるをえなかった。

このようにして、信長の権力はさらに強大化していくのである。

「尊氏御判御直書等」

裁許を言い渡す際の光秀は饒舌だった。本来ならば、判決のみを述べればよいのだが、自身の経験も踏まえて、今回の判決理由をさらに補足する。それが次の史料である。

我《惟任御事》先祖忠節ヲ致ス故、過分ニ所知下サレシ尊氏御判御直書《ごはんおじきしょ》等所持スレトモ当知行無キ故、中々右府様へ御訴訟モ、エ不申、今以テ不知行仕マツル間、久シク証跡ハ持テモ、ヤクニタ、ス、是一

光秀の先祖は足利尊氏から「御判御直書（御判御教書《みぎょうしょ》）等」を頂戴したが、当知行ではないので、信長様に訴え出ることも中々できない。今でも不知行なので、証拠はも

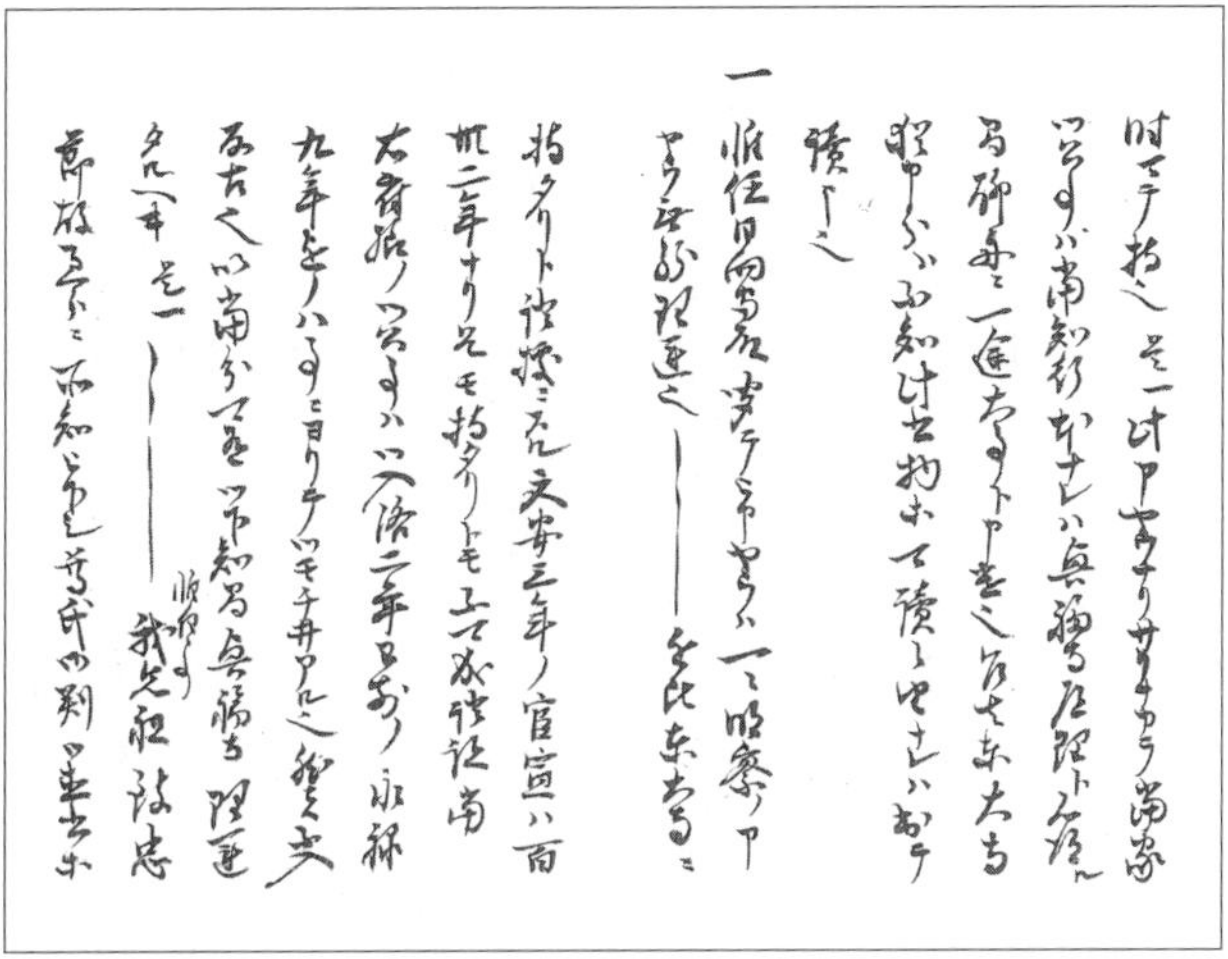

「戒和上昔今禄」該当部分（『松雲公採集遺編類纂』所収、金沢市立玉川図書館蔵）

っていても「ヤクニタ、ス」

この引用箇所でやはり注目すべきは、光秀の先祖が足利尊氏から「御判御直書等」、すなわち尊氏の花押が据えられた御判御教書などを頂戴したとの独白である。もちろん光秀が自身を権威づけるために、虚勢を張った可能性も否定できないが、少なくとも光秀のなかに御家人の末裔《まつえい》という認識があったことは確かだろう。

しかし、その後、彼の先祖が幕府の御《ご》家人《けにん》や奉公衆《ほうこうしゅう》などでありつづけたかというとそうではない。

室町幕府の奉公衆などを記した番帳《ばんちょう》

を見ると、奉公衆四番に土岐明智氏の名前が見えるが、義昭のもとに参集した際の番帳では、光秀は足軽衆として編制されていたことは既に述べた通りである。

以上の点を踏まえると、家格の上で光秀が奉公衆土岐明智の当主だった可能性はやはり低いといわざるをえない。その庶家だったと見るのが妥当だろう。

光秀の家格

では光秀はなぜ尊氏の「御判御直書等」を所有していたのだろうか。ここでは二つの可能性を提示しつつ、検討していきたい。

一つは本家から相伝したという可能性である。しかし仮にそうだとすれば、文書の相伝は本家を継承したことも意味するから、足利義昭の配下となった際に光秀が足軽衆という軽微な立場だった説明にはならない。

もう一つはいわゆる「新御家人」という可能性である。周知の通り、南北朝動乱期に足利尊氏は、畿内周辺の荘官(荘園の上層住人)層を中心に、軍勢催促《ぐんぜいさいそく》の意味合いもあって、御家人にとりたてるという御判御教書を乱発した。しかし彼らの多くは乱後には御家人に編制されず、多くはもとの荘官にもどり、その後、守護などの家臣になったことが知られている。その場合、幕府との関係は、守護の家臣ということから、直属ではないことになる。

実は義昭配下の足軽衆たちには、旧細川家の家臣たちが含まれていたことは、これもまた既に述べた通りであり、「濃州土岐一家牢人たりしか」という「遊行三十一祖京畿内御修行記」での記載や「立入《たていり》左《さ》京亮《きょうのすけ》入道《にゅうどう》隆《りゅう》佐《さ》記《き》」における「美濃国住人、ときの随分衆也」との記述とも併せて考えると、このように考えたほうが整合的である。

以上の検討からすれば、

①光秀は美濃守護土岐氏の一家衆明智氏の庶流であり、
②南北朝動乱の際に、足利尊氏に与して恩賞をあてがわれたものの、
③最終的には土岐家の家臣として編制され、宿老として活躍した家の出身だった。

と見るのが最も妥当だろう。

尊氏の御判御教書などを所有しているという自尊心と、土岐氏の庶家という扱いの乖離は、光秀の行動を考える上で、見逃せない事実といえる。そしてこのような身分、立場の

問題は、彼の行動を規定することになる。このことについてはのちに触れることにしたい。

回復した自信と信頼

以上の判決を言い渡したあと、最後に光秀はこう述べていた。

一書ニテ順慶申越分ニテモ、興福寺道理トヲモフニ、又承リウクレハ、猶《なお》是非ナク此方道理也、無案内ニテ能《よ》クキ、タリトテ、ソハク《人ノ名ナリ》ニ対シテ自慢セラレテ後、茶を給《たまい》テ帰了《かえりおわんぬ》

筒井からの書面だけ見ても興福寺に理があると思っていた。今回、直接話を聞いてみても、やはり興福寺に理がある。そして大和国や戒和上のことを知らなかった私光秀だが、よくやっただろうと周囲にいた「ソハク」たちに自慢して、茶を飲んで帰ったというのである。

自身の仕事ぶりを自慢する光秀の姿は、これほどまで直接的にはうかがえなかったものである。しかし、この時の光秀の立場を思えば、その饒舌にも理由があった。

先に触れた通り、天正四年正月に光秀は丹波国侵攻に失敗し、五月から七月まで所労で療養していた。織田家中となってから、はじめて大きな失敗を経験し、心身共にうちひしがれていたわけだが、天正五年という時期は、年頭から亀山城築城にとりかかるなど、丹波攻めの再開を期した年だった。

そのようななか、地理にも歴史にも「無案内」だった大和国の訴訟を、信長の方針も遵守しつつ裁いたことは、自信と信頼を取り戻す一つのきっかけとなったのではないだろうか。

三年後の天正八年四月に光秀は上山城の支配も任され、さらに筒井順慶と連携するかたちで大和国支配も行っていた。このことを踏まえると、今回の相論裁許が、そのきっかけだったのは確かであり、光秀は丹波侵攻の成功とあわせて、織田家中において再び出世の階梯をのぼりはじめたのである。

光秀の口吻

ここで取り上げた「戒和上昔今禄」という史料の面白さの一つに、登場人物の発言をそのまま筆記している点がある。

通常の日記や記録では、相手の発言は、概要のみを記すことが基本であり、文法的にいえば間接話法を採用していることが多い。しかし、この「戒和上昔今禄」は裁判の備忘録ということもあって、発言をそのまま筆記する傾向にあるのである。直接話法である。

実は光秀の発言もそうであり、このことは、次の書き方から明らかになる。

我《惟任御事》　先祖忠節ヲ致ス故、過分ニ所知下サレシ、尊氏御判御直書等所持スレトモ当知行無キ故、中々右府様へ御訴訟モ、エ不申

これは先にも引用した史料だが、ここでは「我先祖」の「我」にわざわざ、「惟任御事」と、これは惟任のことだと注記されている点に注目したい。このような注記がなされたのは、通常、一人称の「我」は記録者（この場合は空誓）を指すはずだが、空誓が光秀の発言をそのまま筆録したために、叙述の混乱を避ける目的で註を付したのだろう。だとすれば、この一文は光秀の発言を、肉声そのままに写した、貴重なものであるとわかる。

このように空誓が直接話法を多用していた事実を踏まえると、光秀が信長を「右府様《うふさま》」と呼んでいたことや、光秀の発言のなかで突然現れる、「是一」（コレヒトツ）という箇条書

きの独特な表記が、どうやら光秀の口癖だったらしいことが推測されるのである。
そして光秀の癖として、次の史料からもう一つの事柄を推測したい。

ソハク《人ノ名ナリ》ニ対シテ自慢セラレテ後、茶を給テ帰了

先にこの「ソハク」を宗伯丹波頼景であると比定したが、だとすれば、正確には「ソウハク」と表記すべきである。もちろん、ウの音は口を閉じて発音するのでそもそも聞き取りづらいのだが、ここではもう一つの可能性を指摘したい。それは光秀が早口だったのではないかということである。
つまり、早口だったから、

「ソウハク」→「ソゥハク」→「ソハク」

と空誓の耳に聞こえたと想像できるのである。
以上、想像も交えてだが、光秀の人物像に迫る一環として、彼の口吻《こうふん》の復原を試みた。

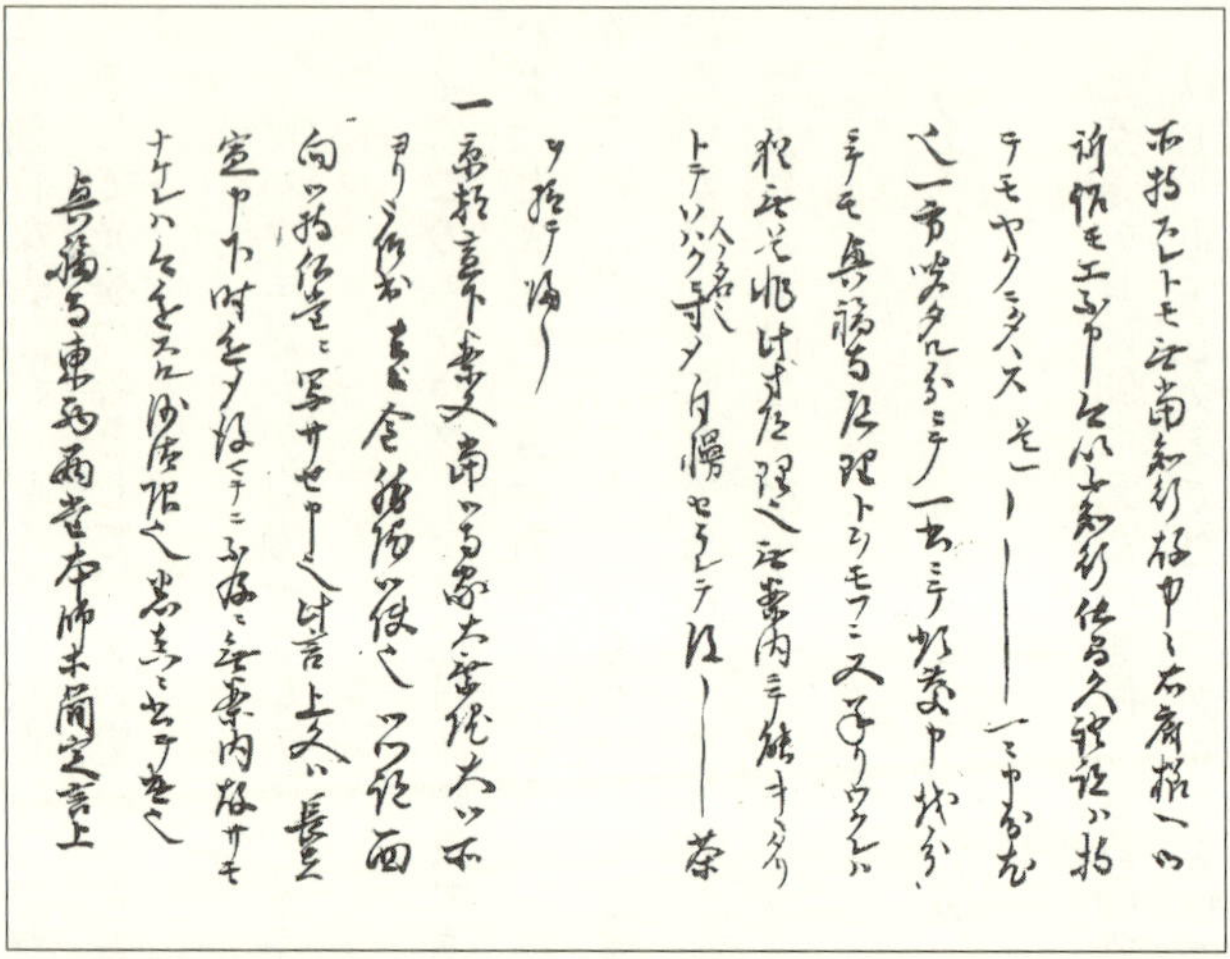

「戒和上昔今禄」該当部分（『松雲公採集遺編類纂』所収、金沢市立玉川図書館蔵）

光秀は、少し早口で、「コレヒトーツ、コレヒトーツ」と物事を箇条書きにして、整然と話す癖のある人だったようなのである。

織田政権の実態

さて、最後に今回の裁判で奇妙な点のあることを指摘しておきたい。それは結局のところ、信長の朱印状《しゅいんじょう》が発給されていないという事実である。

訴訟の基本方針は信長が示し、その意向を忖度《そんたく》して、光秀らが実際に裁許したことは、ここまで見てきた通りだが、出されたのは信長朱印状ではなく、実は綸《りん》旨《じ》や官宣旨といった朝廷の文書だった。

残された文書だけを見れば、朝廷が主導して裁許を行ったかに見えるだろう。しかし、事情は正反対で、朝廷関係者は全く審理には関わっておらず、彼らはあくまで体裁を整えるためにかり出されただけに過ぎない。

また受戒会の開催日程は一二月一四日に決定されたが、これについても興福寺側から、織田政権におうかがいがなされた。しかしこのような軽微な案件に、当然ながら多忙な中、信長が関与するわけもない。

では誰が日付を決めたのかといえば、それもまた曖昧だった。次に掲げるのは、日付の決定に関して出された明智光秀と筒井順慶の書状である。

受戒会之儀付而、（中略）年内余日無きの間、重而御才判尤もに候、一乗院殿御受戒之事、相急がれ候条、先筒順異見に任せられ、来十四日成就然るべく候、猶順慶申入らしむべく候、恐々謹言

十二月十二日　惟任日向守

光秀判

興福寺堂衆御中

光秀から興福寺に当てられたこの手紙では、「筒順」＝筒井順慶の意見に任せて、受戒会の開催を明後日の一二月一四日にするとしている。この点を見ると、光秀も南都の事は筒井の判断を尊重したように思われるが、同日付で興福寺に宛てられた書状を見ると、この推測が実は誤ったものであることが明らかになる。

受戒会之儀付而（中略）年内余日無きの間、重而御才判尤もに候、一乗院殿御受戒之事、相急がれ候条、先惟任異見に相任せて、十四日成就然るべく候、猶此使申すべく候、恐々謹言

十二月十二日　筒井

順慶判

興福寺堂衆御中

前半は先の光秀書状と同文だが、こちらでは「先惟任異見に相任せて、十四日成就然るべく候」と記しており、相互で責任をなすりつけるかのような手紙をしたためている。

これだけでも無責任なはなしだが、さらにいえば、そもそもこの裁判は、信長の法廷に持ち込まれて、信長の指示で光秀が担当するに至ったのだが、信長の方針に基づいているにもかかわらず、信長の意向により、といったような奉書的な文言すら記されていない。発給文書だけを見れば、光秀や筒井は信長の意を奉じることなく、独立した動きを示しているかに見えるだろう。

しかし事実はそうではない。この訴訟日記に記された文書発給に至る経緯を見ると、家臣たちは、信長が提示した当知行安堵方針は遵守した上で、自身の判断と裁量で事にあたっていた様子がわかるからである。

つまり信長の丸投げといってよい部将への委任のもと、信長の方針は遵守しつつ、裁量を駆使して迅速に問題を解決することが、織田家の家臣団には求められていたのである。

これこそが織田政権の実態であり、かつ信長が求めた忠誠だった。このように信長の意向を忖度しつつ進められる政権運営のあり方は、基本的に表面からは見えにくいものであるが、その見えにくかった実態が、裁判の経過を詳細に記してくれていた「戒和上昔今禄」から浮き彫りにすることができるのである。

第三部　謀反人への道

第九章　丹波制圧で期待に応える

ここで視点を戻し、万端の準備を整えて行われた、二度目の丹波侵攻の展開を論じていこう。

いったんは丹波に入ったものの、天正五年（一五七七）の年末から翌春にかけて、光秀の動向は静かである。この時間は彼にしっかりとした準備期間を与えた。

荒木村重の乱

天正六年元旦は安土に年賀に参加しており、正月一一日に茶会を催す。三月九日に長岡（細川）藤孝と坂本で面会しているが、これはおそらく丹波出陣の打ち合わせだろう。

四月一〇日には滝川一益らといよいよ丹波へ出陣したが、四月下旬には播磨《はりま》上月《こうづき》城の援護に向かっているから、丹波攻めの本格的再開というわけではなかったようだ。八月には忠興《ただおき》に娘を嫁がせ、両家の結束を固めている（「細川家記」）。

そしていよいよ丹波攻めの本格的な再開である。

九月七日、一一日には相次いで坂本で連歌会を催しているが、これらは丹波出陣への決意を内に秘めた寄り合いだったといえる。九月一三日付津田加賀守《つだかがのかみ》宛光秀書状には明日一四日に亀山に着陣すると記され、この時までには、丹波入りしていた(「光秀」七七)。

しかし戦況は光秀を丹波攻めに専念させない。一〇月一七日に織田軍の部将である荒木村重が摂津の有岡《ありおか》で反乱を起こしたからである。

光秀は丹波の情勢も睨みつつ、二五日には藤孝ら村重鎮圧軍の援軍として派遣される。そのために一一月中は丹波方面戦は家臣に任せざるをえず、丹波に駐屯していた小畠などに付城《つけじろ》の守備などを指示している。

一方の荒木村重戦も一向に手の抜けない激戦で、一二月八日から有岡城で信長側近の万見仙千代が戦死している。光秀は羽柴秀吉、佐久間信盛、筒井順慶らと有馬三田《さんだ》城に入り、摂津方面へ出陣すると同時に、三木城への攻撃用意も行っていた。

一二月二二日付奥村源内《おくむらげんない》宛光秀書状には、

我等は有馬郡へ相動き、三田付城四ヶ所を申し付け、隙明け候条、昨日多紀郡に至り

罷り越し候

とあり、二一日に何とか荒木戦の隙を見つけて八上《やかみ》城のある多紀郡へ入っていたことがわかる（「光秀」八四）。このように光秀は戦況の隙を見て、播磨・丹波・摂津という激戦地のあいだを行き来せざるをえなかったのである。

『信長公記』に見る八上城攻め

では光秀は八上城攻めを具体的にどのように展開したのかというと、それは徹底した包囲網をひいた持久戦だった。この時の様子を『信長公記』は次のように記している。

堀をほり、塀・柵幾重も付けさせ、透間なく堀際に諸卒、町屋作に小屋を懸けさせ、其上、廻番《かいばん》を丈夫に警固を申付けられ、誠に獣の通ひもなく在陣候なり

このように多忙なはずの光秀だったが、意外にも八上城攻め以降、在陣衆を残しながら光秀自身は天正七年二月一杯まで坂本にいた。

自身が丹波亀山へ向かったのは二月二八日であり、四月四日付で光秀が丹後の和田弥十郎に宛てた書状では「はや籠城之輩、四五百人も餓死候」との戦況が伝達され、八上城陥落後、即座に丹後へ攻め入る旨が述べられている（「光秀」九〇）。前回の苦渋の経験から一転して、丹波攻略はもはや通過点にしか過ぎなくなっていたのである。

しかし実際には連続しての行軍はせず、六月二日に八上城を落城させた後、二二日には坂本へ帰っていた。二〇日に信長が上洛していたから、おそらくそれにあわせて、いったん帰陣したのだろう。

その後、六月二四日には大和吉野に出陣。帰陣の時期は不明だが、七月中旬には丹波・丹後攻めを再開して七月一九日に丹波宇津《うづ》城を落としていた。

九月二二日には長岡藤孝らとともに赤井氏残党が籠もる国領《こくりょう》城を陥落させ、一〇月一二日は丹波加伊原《かいばら》にて新城の造作にあたっていた。

このように記すと、丹波攻略を淡々とこなしていたようにも見えるが、国領城陥落後には「三ヶ年以来之鬱憤散候《うっぷんをさんじそうろう》」（「光秀」九四）と激情のほどを吐露している。やはり捲土重《けんどちょう》来《らい》の思いを内に強く秘めた戦いだったのである。

ちなみに最後まで抗戦した赤井忠家《あかいただいえ》は黒井城陥落後は遠江《とおとうみ》国にまで逃げ延びたらしく、

本能寺の変後、秀吉に仕えたと近世の系譜は伝えている。丹波衆の抵抗の根強さと制圧の困難さを象徴する逸話である(『織田信長家臣人名辞典』)。

水も漏らさぬ攻城戦

前回の失敗は想定外の裏切りが原因だったのは間違いない。しかし、今回の進軍における光秀の居所と行動を確認して判明するのは、彼が意外に現地に赴いていないという事実である。

その背景には信長による畿内各地の転戦命令があったことはいうまでもないが、光秀の側からしても自身が直接出向かずとも、敵方を陥落させる方法があみだされていたのだろう。

ではそれはどのような方策だったのだろうか。それが八上城攻めに見る攻城戦の布陣だった。

方針は実にシンプルである。城の周囲をきっちりと固めて、籠城衆を餓えさせ、戦意を喪失させる。それには自身が陣に臨んでいる必要はなく、ただ時間の経過を待つだけでよい。

そして攻め方にも工夫があった。先の国領城攻めでは、わざわざ山頂部近くまで「新道」を作り、攻めにくい山城を陥落させる手立てがとられていた。すなわち、

山へ取上、同廿一日ヨリ先年拙者在城申候国領之城之上へ、深山を一里余切抜、新道を付、同廿二未明より国領へ取懸、申《さるの》下《げ》刻《こく》ニ責破、悉《ことごとく》打《うち》果《はたす》

と新たに三キロメートルもの長さの道を作り、夜明け前から、日没前までの一日をかけ攻めて、難攻不落の城を落としたのである(「光秀」九四)。

戦国SNSの活用

そして、後方からの指示で戦争を完遂させるための大前提には、指示と情報伝達が正確、かつ迅速に果たされなければならないが、この点についても光秀は抜かりがなかった。

次に引用するのは、京都の光秀から、丹波で戦っていた小畠《こばたけ》氏に宛てて出された書状の追伸の部分である(「光秀」七九)。

昨日酉刻《とりのこく》之御状、今朝辰刻《たつのこく》、京都ニ至而到来、披見候、飛脚油断無ク、祝着《しゅうちゃく》ニ候

福島克彦氏も注目している通り、夜の六時に丹波から出された手紙が、朝の八時に京に着いたことをしっかりとチェックしているのである。

ここではさらに、飛脚が夜でも活動していた点に注目したい。もちろん火急の用では夜も飛脚は走っただろうが、信長の分国では、道路整備が進んでいたために、夜でも安全に移動ができたことは、先に宣教師も証言していた通りである。

このように織田分国内の交通事情は、他の戦国大名分国内の交通と比較しても実に円滑に運用されており、当然ながら、飛脚の行き来にも大いなる利便性を与えていた。メールやラインを使って、現場に指示を出す、といえばいいすぎになるが、それと近い発想のもと、光秀はこのような織田分国内の交通の長所を正しく理解した上で、飛脚を十全に活用し、戦場を遠隔操作していたのである。

統治が困難だった丹波国であったが、従来の戦はここまで徹底した城攻めは行っていない。丹波国の土豪たちは、いままでと違う戦のやり方を見せつけられ、壊滅的な被害をうけたのである。有能な行政官でもあった光秀だからこそ成し得た、緻密で隙のない攻城戦

——新しい戦のかたちがここに誕生していた。

一〇月二四日には光秀が丹波拝領の礼に安土の信長を訪れたことが『信長公記』に見える。平定が困難だった丹波国の平定に成功したことで光秀はようやく期待に応えることになったわけだが、それはこのように織田軍の目指す戦争というものを熟知した上で手に入れた勝利だったのである。

第十章　領国統治レースの実態

飛躍の年

丹波制圧を成し遂げた光秀に対する周囲の眼は大きく変わった。天正八年(一五八〇)は丹波経営、坂本城改修に加え、上山城も宛行《あてが》われ、大きく飛躍した年である。

同年二月に光秀は丹波に入っていたらしく、同年二月一三日付で天寧寺に諸役免除を与えている。それと同時に閏三月一三日から坂本城の普請をはじめ、出陣に向けて領国の富国化と城郭の改修を行っていた。

光秀に与えられた次の課題は西国毛利攻めであり、それに備えて光秀軍の強化は継続していた。

四月六日付柏木左九右衛門《かしわぎさくえもん》ほか宛判物写《はんもつうつし》では、山城賀茂郷の在地領主らに年貢一二〇〇石並夫役負担と引き替えに知行安堵を行っていた(「光秀」九六)。彼らは永禄一二年(一五六九)に、義昭・信長連合軍の犯した手続き上のミスを詫びに来た光秀をどやしつけた、あの山城賀茂郷の住人たちである。

連面事、先年多聞以来、終《つい》に罷《まか》り出ず、無沙汰是非無き題目也、ここにより追放せしむべきの旨相究めるといえども、種々懇望を致すの条、赦免せしむ、然る上は、面々相拘える知行分異儀なく申し付け訖、但し当荘定むる請米千弐百石幷矢(夫カ)役以下は、聊《いささ》かも難渋すべからず、仍って自今以後、無沙汰せしむに至りては、跡職等悉《ことごと》く以て改易すべきの状、件のごとし

天正八

卯月六日　　　　光秀　判

柏木左九右衛門とのへ

(以下七名略)

あなたたちが、先年の多聞山城での松永久秀の反乱では、最後まで出陣しなかったのはよくないことである。よって追放しようとしたが、懇願するので許し、現在の知行

を認める。ただし約束した一二〇〇石と夫役はしっかり負担せよ。

このように松永久秀の反乱の際に賀茂郷住人たちは、戦局の様子見を決め込んでいた。彼らからすれば、光秀もまだ、あの時の牢人あがりにしか見えていなかったのかもしれないが、そのような彼らをなだめすかして、従わせなければならなかったのである。

彼らからしても、まさかあの時の牢人あがりが、領主として眼前に臨むとは考えてもいなかっただろうが、それはさておき、そもそもなぜ丹波経営を展開していた光秀が突然、山城の所領を差配するのか。

これだけだと本文書の位置づけは明らかでないが、九月に光秀が滝川一益と大和国全体から指出《さしだし》(土地台帳)を提出させる任務につき、翌年の馬揃《うまぞろ》えでは光秀騎下として筒井、上山城衆、大和衆が登場していたことを踏まえれば(『信長公記』)、四月の段階で、新たに上山城＝山城国南部が光秀のもとに軍団配置されていた可能性は高い。そして必要な軍資調達のために、以上のような徴収を行ったのだろう。

担当する国が増えるのは確かに光秀にとって歓迎すべきではあった。しかし一方でそれは必然的に、このような人心掌握を含めた苦心もかかえこむことでもあったのである。

丹波の統治

さて、光秀は七月には再び丹波に入り、宮田市場に喧嘩・口論・押買《おしかい》や国質《くにじち》・所質・請取沙汰《うけとりざた》の禁止や、市日を制定した禁制《きんぜい》を発令している。八月に長岡藤孝が丹後国を拝領してからは、その補佐として光秀は同道しており、八月一七日に光秀、藤孝、忠興連署で禁制を発給し、また二二日付信長朱印状では藤孝と光秀が丹波の「吉原西雲《よしはらせいうん》」を討ち果たしたことが賞賛されている。

九月二日に藤孝が丹後拝領の礼のために安土を訪れているから、光秀もこの時までに亀山城か坂本に帰陣していたと見られる。ただし九月九日にはあわただしく丹波に戻り、井尻助大夫《いじりすけたゆう》に船井《ふない》郡内二五〇石四斗余りを新恩《しんおん》として給与している。

ここに至り、ようやく丹波・丹後経営の目処《めど》が立ったわけだが、光秀の一年はまだ終わらない。

その後、九月二五日には大和国へ下向している。滝川一益とともに指出を行うためである。このことは原田直政の戦死後、後継の筒井順慶ではまだ一国統治は荷が重かったことを示唆しており、光秀の有能さはますます重宝されていた。

一一月二日には奈良を去り、一一月一四日には坂本で吉田兼和から見舞いを受けているから（『兼見卿記』）、以後、基本的に坂本にいたのだろう。光秀はここでようやく一息つくことができたのであるが、光秀は坂本城を有し、丹波国を統治するだけでなく、丹後国や大和国支配の補助、そして上山城の管理もまかされるに至っていた。

高柳光寿氏はこの時の光秀を「近畿管領《かんれい》」と表現している。この時、光秀は、織田家中随一の身代持ちとなっていたのである。

人材争奪戦

天正九年正月六日に光秀は坂本で連歌興行をし、それに長岡藤孝も参加している。丹後経営の助力といい、かつて身分的に藤孝の下だった光秀は、その年齢差そのままに藤孝と同等以上の立場に立っていた。

二月二八日の京都馬揃えの代官に任命されており、当日は三番衆として大和・山城衆を引き連れ参加している（『信長公記』）。

その後は四月から六月にかけては領国経営に勤《いそ》しんでいたようで、四月一二日に藤孝らと天橋立《あまのはしだて》での連歌を楽しんだあと、宇津へ向かい、城井戸を掘るために河原者を派遣するよう、なじみの吉田兼和に依頼している（『兼見卿記』天正九年四月一七日条）。

丹州宇津より惟任日向守書状到来、当城堀井、河原者の山をこの者に相添え急度罷り下るべきの由申し来たる

ここで注目されるのは、山という名の河原者が指名されて、宇津城の井戸掘りに連れてこられている点である。おそらくは宇佐山城築城の時からの知り合いだったのだろう。ここから、山が優秀な土木作業者であったことがわかるが、織田軍の戦争が、人員と物資を運ぶための道作りを基調としていた以上、河原者をはじめとする、土木作業経験者の調達は重要な課題だった。

そしてこの点は、城攻めにおいて一層顕著だった。先に見た天正七年の丹波国領城攻めでは、城攻めにあたり、山頂部近くまで三キロメートルもの長さの「新道」を作って攻撃の便宜としたことを述べたが、その前後には、土木作業に知悉《ちしつ》した河原者の取り合いのような現象も生まれていた。

自然かハらのもの《(河原者)》共、京都御普請ニ隙入候て（中略）かならす夜を日ニ付け御

馳走申すべく候

すなわち「京都御普請」に従事している河原者に時間ができたら、すぐに丹波によこすようにというのである（「光秀」九四）。

織田軍の戦争が土木と普請を基調とするものとなるなか、戦闘員である兵士の徴用に近い比重で、工事に強い人材が求められはじめていたのである。

指出と軍法

また四月一八日には亀山城普請に関して指示を送り、さらに五月〜六月に丹波衆から指出を提出させ、出陣可能人数を把握している。長岡藤孝が三月五日の段階で丹後国一国指出を行うよう信長から指示が出されているから（『信長』九一五）、丹波の指出もこれと連動して行われたと考えられる。

検地《けんち》が現地に臨み行う土地調査であるのに対して、指出は現地には行かず、報告だけで済ます土地調査であり、迅速に済む点に特色があった。光秀が好んだやり方である。

そして、このような内政の整備を前提にして、六月二日には一八条に及ぶ詳細な明智光秀軍法を制定している(「光秀」一〇八)。

定　条々

①一、武者備場に於いて、役者之外諸卒高声幷雑談停止事、付けたり、懸り口其手賦《くばり》・鯨波以下、下知に応ずべき事

②一、魁《さきがけ》之人数相備差図候所、旗本侍下知に随い着くべし、但し其所に依りて先手として相斗うに付ては、兼而申聞かすべき事

③一、自分之人数其手〳〵相揃前後召具すべき事、付けたり、鉄炮・鑓・指物・のほり・甲立雑卒ニ至てハ、置所法度のことくたるへき事

④一、武者をしの時、馬乗あとにへたゝるニをいてハ、不慮之動これ有りといふとも、手前当用ニ相立べからず、太《はなはだ》以て所存無き之至也、早領知を没収すべし、付けたり、時儀に依り成敗を加うべき事

⑤一、旗本先手其たん〳〵の備定置上は、足軽懸合之一戦これ有りといふとも、普《あまねく》下知を相守るべし、若し猥之族あらハ仁不肖に寄らず忽成敗を加うべき事、付けたり、虎口之使眼前手前たりといえども申聞趣相違、返答に及ぶべし、縦《たと》い其場踏み

比類無き高名を遂げるといえども、法度を《（に）》そむくその科更に相遁るべからざる事

⑥一、或動、或陣替之時、陣取と号しぬけかけに士卒を遣わす事、堅停止せしめ訖、其所に至り見斗相定むべき事、但し兼而より申付べき子細あらハ仁着たるべき事、付けたり、陣払禁制事

⑦一、陣夫荷物軽量京都法度之器物三斗、但し遼遠之夫役にをいてハ弐斗五升たるべし、其糧一人に付て一日ニ八合宛領主より下行ずべき事

⑧一、軍役人数百石ニ六人多少准ずべき之事

⑨一、百石ゟ《より》百五拾石之内、甲一羽・馬一疋・指物一本・鑓一本事

⑩一、百五拾石ゟ弐百石之内、甲一羽・馬一疋・指物一本・鑓二本事

⑪一、弐百石ゟ参百石之内、甲一羽・馬一疋・指物二本・鑓弐本事

⑫一、三百石ゟ四百石之内、甲一羽・馬一疋・指物三本・鑓参本・のほり一本・鉄炮一挺事

⑬一、四百石ゟ五百石之内、甲一羽・馬一疋・指物四本・鑓四本・のほり一本・鉄炮一挺事

⑭一、五百石ゟ六百石之内、甲二羽・馬二疋・指物五本・鑓五本・のほり一本・鉄炮

弐挺事

⑮一、六百石ゟ七百石之内、甲弐羽・馬弐疋・指物六本・鑓六本・のほり一本・鉄炮三挺事

⑯一、七百石ゟ八百石之内、甲三羽・馬三疋・指物七本・鑓七本・のほり一本・鉄炮三挺事

⑰一、八百石ゟ九百石之内、甲四羽・馬四疋・指物八本・鑓八本・のはり一本・鉄炮四挺事

⑱一、千石ニ甲五羽・馬五疋・指物拾本・鑓拾本・のほり弐本・鉄炮五挺事、付けたり、馬乗一人之着到、弐人宛に準ずべき事

右、軍役定め置くといえども、猶相嗜《たしな》むに至りては寸志も黙止せず、併しながら其分際に叶わざれば、相構えて思慮を加えるべし、然而愚案条々を顕わし外見に顧するといえども、既に瓦礫沈淪之《がれきちんりんの》輩《ともがら》を召し出され、剰《あまつさえ》莫太御人数預け下さる上は、未だこれを法度に糺さざるは、且武勇無功之族、且国家之費、頗公務を掠むに似たり、袷《かれ》と云い、拾(恰・これ)と云い其嘲と存じ、面々に対して苦労を重ね訖、所詮、出群抜萃粉骨於いては、速かに上聞に達すべき者也、仍て家中軍法のごとし

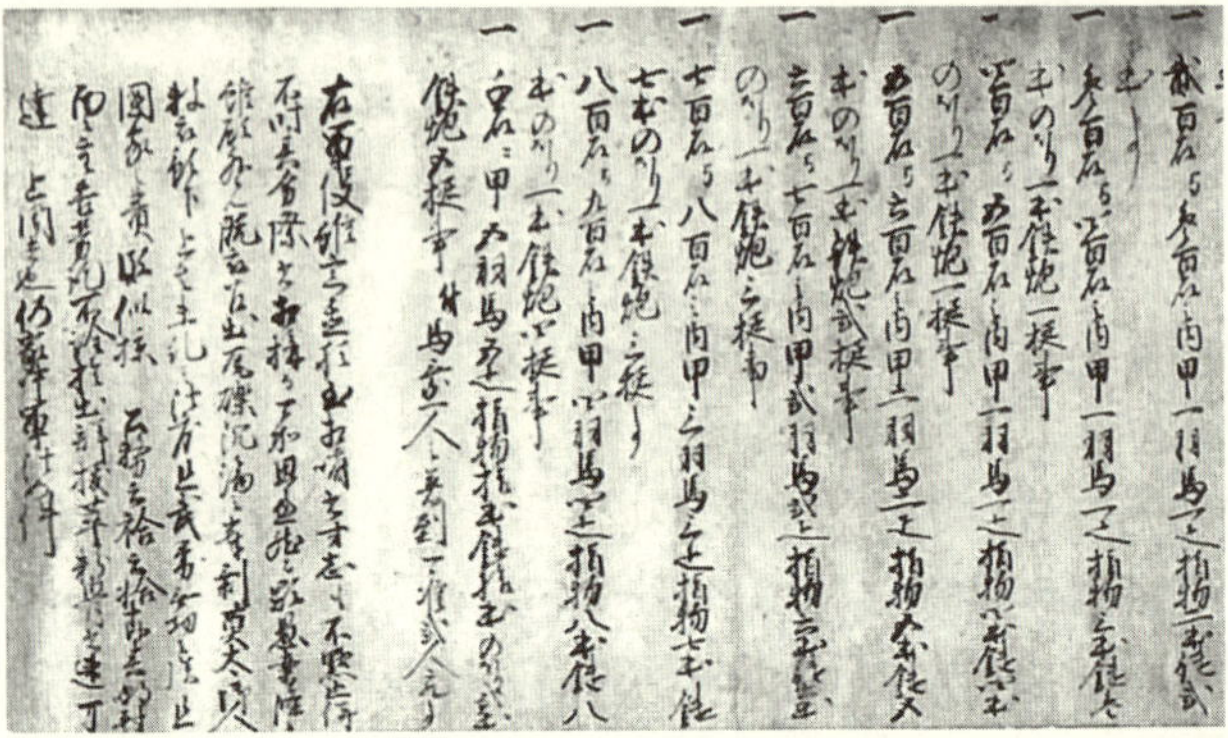

明智光秀家中軍法（京都府福知山市・御霊神社蔵。画像提供：福知山市教育委員会）

天正九年六月二日　　日向守光秀（花押）

この軍法については、高柳光寿氏をはじめ多くの言及があり、①から⑥までは戦場での軍務の心得、⑦が陣夫と呼ばれた、戦場の物資輸送に関する人夫役の規定、残る⑧から⑱までは、軍役の規定が定められている。

この軍法で注目されてきたのが、⑧以下の軍役規定であり、この詳細な内容が当時の賦課の実態を反映しているのかなどが議論されてきたことは、周知の通りだろう。

陣夫規定を考える

以上の議論については、機会をあらためて論じてみたいが、ここで注目したいのが、これまでの研究であまり注目されていない⑦の陣夫に関する規定である。

あらためて内容を記すと、以下の三点にまとめられる。

(1)陣夫として徴発した百姓が運ぶのは三斗まで、遠方から徴発した百姓は、遠方からの負担を考慮して、二斗五升に減らす。
(2)その計量は「京都法度之器物」、すなわち織田政権の公式の枡として法度で定められた京枡で行う。
(3)夫役に対しては、領主が一人一日あたり八合の米を支給する。

まず注目したいのが、夫役負担の対価を、一日八合の飯米＝食費支給というかたちで領主が払うことを明記している点である。

このように述べるのも、実は中世において、住人たちをかり出す夫役の費用をどのように負担するかは曖昧な要素が多かったからである。

夫役には、荘園領主から課されるものと、守護から求められるものがあったが、荘園領主からの夫役負担要請については、そのあいだの食費費用の額をいくらにするかは常に領主と住人とのあいだの紛争の種だった。さらに一五世紀の室町時代以降、恒常化した守護からの夫役出仕要請に至っては、荘園領主が半分は出してくれることはあったものの、住人たちの泣き寝入りということも多かった。

このような中世における夫役賦課の実態も踏まえれば、領主の下行を原則とした光秀の決断は確かに新規な内容だったのである。

また人夫の調達先の遠近に応じて、運搬荷物の量を変えているのもきめ細やかな配慮である。以上の二点を見ると、あるいは慈愛に満ちた光秀像を描き出すことが可能かもしれない。

重い夫役負担の実態

しかしここに見られる配慮は、領国の人々に対する過剰な負担に対する、わずかばかりの弁解のようなものでもあった。

この点を説明するにあたり、近年、この問題に取り組んでいる福島克彦氏の研究を参照しよう。

福島氏は、次の二点の史料をもとに、光秀分国の人夫動員の実態を明らかにした。

今日より惟任日向守坂本の城普請と云々、丹州人数ニ罷り下るの由申しおわんぬ

（『兼見卿記』天正八年閏三月十三日条）

江州坂本において惟任日向守殿の城の石普請、各家別に罷立候おわんぬ

天正八年庚辰閏三月十九日書之　友賢伊勢朝熊住僧

（坂原阿上三所神社所蔵「大般若経」巻二三一奥書）

これら二つの史料は天正八年春に、近江西部と丹波国全体に、同年閏三月からはじめられた坂本城普請のための動員がかけられたことを示している。福島氏は慎重に明言を避けているが、丹波国の全ての家に対して人夫役が課されており、近江まで、坂本城の石普請に動員されていた事実がここに明記されているのである。

反発する民衆

このように天正八年に光秀は厳しい態度で、領国統治に乗り出したことがわかるのだ

が、当然ながら、この動きに対して反発する者たちもいたらしい。このことが、次の史料から読み取れる(「光秀」一四三)。

佐川《さがわ》・衣川《きぬがわ》・穴太《あのう》三カ所の人足来たらざるの由、唯今奉行共かたより路次迄申し越し候、曲事の儀ニ候、明日ひる以前ニ来たらず候は、普請所くわたい(過怠)として一はいあてへく候、其の意を得て夜中ニ成る共人を遣わすべく候、志賀郡・丹州在々所々一人も残らず罷り出候処、彼の三カ所不参の儀、是非無き次第に候、陣夫などニいて申すべく候、其れも大形罷り出るべき程、分別せしめ候、残る者共老若一人も残らず罷り出るべきの由早々申し遣わすべく候、恐々謹言

六月十一日　光秀(花押)

大中寺

右郷中

近江の佐川・衣川・穴太からの人足が来ていないと奉行から移動中の私に連絡があった。問題である。明日の昼までに来なければ、普請所に対する過怠《かたい》として、二倍の負

担を課す。だから夜中になっても人を寄越すようにしなさい。滋賀郡と丹波国全域、一人も残らず普請に駆り出しているのに、佐川以下だけ人足を出さないのはけしからんことだ。もっと過酷な戦場への夫役である陣夫に、老若を問わず、ほぼ全員を行かせるだろう。

宛所の大中寺は滋賀郡雄琴《おごと》の代官であり、おそらくは滋賀郡の人夫役を催促する役割も担っていたために、光秀からこのような督促をうけているのだろう。

続いて、この書状の年号である。問題となっている、普請がどの普請を指すのかが明記されていないが、「志賀郡・丹州在々所々一人も残らず罷《まか》り出候」という記述は天正八年閏三月から進められた坂本城石普請における丹波一国に対する賦課方針と内容的に親和するし、そもそも坂本城普請に足許の滋賀郡の住人たちが動員されないわけがないだろう。

以上の点から、本文書を、坂本城拡張工事の人夫役に関わる問題への対処を記した書状とみて、天正八年に出されたものと判断したい。

このように本文書の年次を確定させると、光秀の領国統治の変化を以下のように跡づけることができる。すなわち、天正八年閏三月の坂本城拡張工事のために近江国滋賀郡と丹波国の全住人を人夫として動員したが、このような過重な課役に反発する動きも見られたのである。

光秀軍法の位置づけ

光秀の領国統治の変化を以上のようにとらえると、翌天正九年に出された軍法の意味も一層、明瞭になる。

そのうちの夫役規定を、徴発先の遠近に応じて運搬する荷物を軽減したり、食費を支給したりする、一見すると思いやりに満ちた内容だと指摘したが、その背景には、以上のような過酷な夫役賦課に対する、住人たちの強い反発が存在していた。

とりわけ、坂本城普請に足許の住人たちが役負担を忌避する態度を見せたことは領国支配上、深刻な問題であり、そのなかに石工技術で知られた穴太の住人が含まれていたことは技術面でも大きな不利益を与えたと考えられる。

実は穴太石工たちは、例えば天正五年九月二七日に伊勢国に派遣されるなど(『兼見卿記』)、その特殊技能を買われて、織田政権から酷使されはじめていた。河原者だけでなく、彼らの技能も政権内で奪い合いだったことがわかるが、このような状況もあって、彼らは光秀による、新たな石普請に反発したのだろう。そのために光秀は夫役規定に撫民《ぶみん》的内容を入れざるをえなかったのである。

以上、陣夫規定について論じてきたが、最後にこの軍法全体にかかわる問題についても触れておきたい。それは、この光秀軍法が織田政権全般で用いられた軍法なのかという点である。

この問題を解く手がかりとなるのが、「戒和上昔今禄」で見た、織田政権の裁許のあり方である。そこでは、信長の丸投げといってよい部将への委任のもと、それにもかかわらず信長の方針は遵守しつつ、裁量を駆使して迅速に問題を解決することが、織田家の家臣団に求められていた。

このような裁判のあり方を踏まえると、光秀軍法の成立の背景も次のように考えられる。信長からの領国支配の一層の徹底という指示をうけ、配下の部将たちは、独自の判断と裁量で支配の強化をはかった。その一つであり、象徴ともいえるのが、光秀軍法なのである。

信長からの指示

では織田信長はどのような指示を部将たちに与えたのだろうか。

おそらく彼はおおまかな方針を示し、具体的内容は各部将に一任していたと考えられる。この点は「戒和上昔今禄」に記された興福寺と東大寺のあいだの裁判で見た通りであり、そこでの信長の指示は、当知行安堵＝現在、管理・運営している者を優遇せよの一点のみだった。あとは光秀が独自の判断と裁量で興福寺の勝訴を言い渡したのだった。

そのほかで確認できる信長の指示と見られるのは、兵粮《ひょうろう》の把握にあたり、地域によってばらばらだった、石高を計量する枡の大きさを統一しようと試みていた点であり、また、主要幹線道路を馬が行き交うことのできる約五メートル半に拡幅して、軍勢や物資の移動を円滑なものにするように指示していた。

このように、信長は枡にせよ、道路にせよ、規格を統一するかたちで軍事体制の整備を大きく進めていたのである。

こう記すと、信長からの指示は、あまりに簡単に見えるかもしれない。しかしこれらの方針は、当時の常識を想起すれば、極めて斬新な内容を有するものであった。

中世社会は朝廷・寺社・武家といった性格の異なる複数の領主たちによって、分権的に支配されていたが、その必然的結果として、そもそも規格を統一するという発想が乏しかった。

このような当時の状況を踏まえると、規格の統一という発想が、手続きの合理化・効率化だけではなく、それ以上に、斬新な思想でもあったということがよく理解できるだろう。信長は、今の常識からは当然だが、当時からすれば、規格外れの方針のもと、部将たちを牽引していたのである。

領国統治レース

このように、信長の檄《げき》にも似た指令のもと、光秀は領国支配を強力に推し進めていた。同じころ、羽柴秀吉が検地を行いはじめたことが、明らかにされている。

土地把握の方法として、現地の領主からの報告をもとに土地台帳を作成するのが指出であり、現地に出向き調査をして年貢量を把握するのが検地である。

時に両者は区別するのが難しい場合もあるが、指出と比べて、検地のほうが厳密な土地把握であることはいうまでもない。光秀は指出を選択したのに対して、秀吉は検地を逐次導入することで、信長の期待に応えようとしたのである。

このように見ると、検地を導入した秀吉と比べて、光秀の領国支配の貫徹度が不十分であったように見えるかもしれない。しかし、光秀はそれとは異なるかたちで支配の徹底をはかっていたことが、次の史料からうかがえる(「光秀」一二三)。

来初秋、西国御陣たるべき旨仰出され候之条、当春国役、十五日普請として面々知行へ入立、開作之儀、申し付くべく候、侍は井堀・溝を開き、召し遣う下人・下部共は百姓並ニ十五日之間、田畠打ち開くべく候、若し知行内荒地等これ有るにおいては、何迄成共在庄せしめ、悉く相開くべく候、尚毎年定置普請をもって開作に差し替え候上は、聊も由断有るべからず候、然而百姓早く隙を明け、西国御陣速やかに相動くべく覚悟有るべき事肝要に候、恐々謹言

正月十三日　日向守

光秀(花押影)

三上大蔵大夫殿

古市修理進殿

赤塚勘兵衛殿

寺本橋大夫殿
中路新兵□殿
蜷川弥□□殿

これは丹波支配を任された惟任光秀の書状写であり、西国攻めの言及から天正八年以降のものとわかる。

前半では今年の春の国役として、宛所の三上大蔵大夫以下の知行地の開拓が光秀から命じられており、その具体的内容は、侍は井堀・溝の開削、その下人たちは「百姓並」の田畠開墾を行うというものだった。

残る百姓についても、「百姓並」に下人らに開発させるとの記述や、「百姓早く隙を明け」との記載から、やはり田畠開墾に従事していたことがわかる。

宛所の面々に関して、そこに含まれる赤塚、寺本は、光秀がまだ義昭麾下にあった元亀二年(一五七一)正月に光秀使者として見えるから、古参の光秀家臣と見るべきだろう。三上、蜷川はおそらくは旧伊勢家の家臣団であり、実務能力の高い、これも古参の家臣たちである。今回はその知行地の百姓に国役を課すように命令されているのである。

このように解釈すると、光秀知行地では国役賦課にあたり百姓までも動員していたことが読み取れるのである。天正八年（一五八〇）の坂本城石普請にあたり、丹波の全戸に夫役が課された様子を先に確認したが、それが事実上、恒常化していたようなのである。

それでは右史料に見える国役とはどのようなものだったのだろうか。

史料前半では国役が開墾である旨が記されているが、後半ではこの開墾が「毎年定置《さだめおく》普請」を差し替えたものであると述べられ、ここから本来の国役は「毎年定置普請」であり、毛利攻めを契機に開発へと転用されたことがわかる。

とすると、天正八年以前に課された「毎年定置普請」の内容が問題になるが、これについては次の徴証が分析の手がかりを与えてくれる。

前年の丹波宇津攻めで、同国の在地領主で光秀の与力だった小畠氏が「土民・侍男」を問わず、杣《そま》までも動員して城攻め普請を行うように命じられていた。また丹波平定後、光秀が同国経営のために亀山城、福知山《ふくちやま》城、周山《しゅうざん》城などの普請にいそしんだことは福島克彦氏の研究に詳しく、以上の点からそれが城普請を中心とした軍事的普請であったのは間違いない。

そしてその賦課日数は「当春国役、十五日普請として」との記載から一季＝三ヶ月に一五日間であったことがわかり、各季に賦課されたとして、最大、年六〇日にも及ぶ過酷なものであったことも明らかになるのである。

第十一章　本能寺の変へ

御妻木殿の死

このように、天正八年(一五八〇)以降に才能をいかんなく発揮して領国支配を進めていた光秀だが、天正九年の秋に、自身の運命を左右した大きな出来事に直面した。天正九年八月六日ごろに、信長側室だった自身の妹が死去してしまったのである。

当時の記録にはその時の様子が次のように書かれている(『多聞院日記』天正九年八月二一日条)。

去七日八日ノ比歟、惟任ノ妹ノ御ツマキ死了、信長一段ノキヨシ也、向州無比類力落也この史料について、早く勝俣鎮夫氏は、信長の側にいた御妻木殿を失ったことは、光秀が本能寺の変を決断する遠因となったと的確に指摘していた。

「信長一段ノキヨシ」は「儀よし」であり、信長の側に仕えていた彼女は、それゆえに信長の「儀」＝意向全般に通じていた。興福寺と東大寺の相論で、御妻木殿が御乳人に対して見せた細やかな政治的配慮については先に触れた通りであり、何より光秀が大和国内の寺社訴訟を裁くことになったのも、妹が信長側に仕えていたことが背景にあった。

このように機転が利き、信長の意向全般に通じていた御妻木殿の死去が光秀にとって痛手だったのは確かである。

家中法度の背景

しかし悲嘆に暮れる間はなかった。光秀は八月一七日に大和郡山《やまとこおりやま》城へ普請見舞いに訪れている。

そして年末の一二月四日には、光秀は自身の家臣たちに対して、織田家の宿老や馬廻衆、さらにほかの部将の被官には、慇懃に接し、もし彼らと口論となった場合は、自害するように命じる法度を作成していた(「光秀」一一二)。

「明智日向守光秀判形　定家中法度（黒印）」

定　家中法度

一、御宿老衆・御馬廻衆、途中において挨拶之儀、見かけてより其所之一方へ、かたつき、いんきんに畏而《おそれて》、とをし申すべき事

一、坂本・丹波往覆之輩、上は紫野より白河をとをり、下はしる（渋）谷・大津越たるへし、京都用所にをいてハ、人をつかハし相調うべき之事、付けたり、自身在京なくて叶わざる子細等候ハ、其理《ことわり》を案内に及ぶべき事

一、用所等申し付くる召使の輩においては、洛中馬上停止の事

一、洛中洛外、遊興見物停止之事

一、道路において他家之衆と卒爾の口論、はなはだ以て曲事《くせごと》也、理非ニ立ち入らず成敗を加うべし、但し時に至て了簡に及ばざる仕合にをいてハ、其場にて一命相果つべき事

右意趣は、　御座所分に対して頗りに程近きにより、自余を混じえず思惟し訖《おわんぬ》、万一、不慮出来せば、更に其悔有るべからず、所詮、面々・若党、下人已下、猶以て堅く申

し付くべし、若し違犯の輩においては、忽ち其科行うべし、八幡照覧、用捨すべからざる者也、仍件のごとし

天正九年十二月四日　　　　光秀（花押影）

家中とは「面々・若党、下人已下」に対するもので、「面々」が光秀家臣として最初に名前があがる斎藤利三、そして先に配下に組み入れていた伊勢家家臣団も含む有力家臣、「若党、下人」らはそれ以下の、文字通りの新参の若い家臣たちを指すと思われる。

その彼らに対して、ここで光秀が説いたのは、おおよそ次のような内容である。

①織田家の宿老や馬廻衆とすれ違う時は、脇によって慇懃に先方を通すこと。

②坂本と丹波を往復する場合は、洛中を通らずに、北辺の紫野・白河経由か、南辺の渋谷・大津経由で往復すること。

③京都に用があり、人を遣わす場合は、馬を用いないこと。

④洛中洛外での遊興見物は禁止すること。

⑤道路で他家の家臣団と口論をしてはいけない。もし喧嘩をした場合、理非にかかわら

ず成敗するし、喧嘩をしたならばその場で自害せよ。

ここで書かれているのは、要は信長直臣も含めたほかの織田軍の部将たちへの配慮であり、ここから光秀が彼らとのもめごとをことのほか警戒していたことがわかる。このことは逆にいえば、大幅な出世を背景に、明智家臣団、特に「若党・下人」たちが専横の振る舞いを見せはじめた状況があり、また周囲にもそれをやっかむまなざしが存在していたことがあるのだろう。

しかしなぜ天正九年の年末にこのような法令を出したのだろうか。異例の出世ならば、この時以前からのことであり、それに伴う光秀家臣団の傲慢な振る舞いも、当然、その時から見られたはずである。これに加えるべき要素としては、やはり御妻木殿の死を挙げなければならないだろう。

だとすれば、御妻木殿がいなくなったことで、光秀に対する、織田家中からの風当たりも強くなっていたことが想定できる。そしてこのように強まる逆風のなか、もし他の家臣たちともめた場合、信長にとりなしてくれる御妻木殿のような存在がいない。光秀の不安もここにあったのではないだろうか。

先に光秀は御妻木殿の力添えで、大和国内の裁判を迅速に裁き、丹波攻め失敗の挫折から一転、「自慢」できるほど自信を取り戻していた様子を明らかにした。しかし、光秀は彼女の不在によって今度は不安に陥り、その裏返しともいえる、このように厳しい法度を制定するに至ったと考えられるのである。

不十分な行政組織

一方で彼は根っからの実務家でもあり、このことは家中法度を作成したのと同じ日に、自身で年貢の請取状《うけとりじょう》を発給していたことからもうかがえる。

納宇津領内年貢米之事、
合　参石者《てへり》　黒田・瀬瀧両所分
　壱斗五升は夫米也
右、請け取るところ件のごとし
　天正九年十二月四日　（花押）（黒印）

内容は丹波宇津の年貢米三石を受け取った請取状であり、光秀の花押が据えられている。この時、光秀が坂本と亀山の二つの城主であったことを想起すれば、その彼自らこのような軽微な事務案件を手がけていた事実には、やはり驚きを禁じえない。ここから光秀のフットワークの軽さを読み取ることも、あるいは可能かもしれないが、それ以上に浮かび上がるのは、光秀自らこのようなものを作成しなければならないほどに年貢徴収の体制がまだ十分に整備されていなかったのではないかという疑問である。

光秀は旧幕臣である伊勢家臣団を旗下に組み込むなど、ほかの織田家部将と比べても人材に恵まれていたのは確かである。しかし、このように比較的、人材に恵まれていた明智家中でも、それらの実務をまかせるには十分でなかった。

そもそも彼自身も人を使い慣れてはいなかったこともあったのだろうが、より厳密にいえば、急激に膨張した織田分国を統治しきれる人材を賄いきれていなかったのだろう。

要は拡大する領国に対し、織田政権の官僚制度の整備が追いついてはいなかったと考えられるわけである。天正九年一二月四日に同じ日付で出された家中法度と請取状は、この時の光秀の置かれた環境というものを、何よりもよく表している。

多忙を極める光秀

さて、年が明けた天正一〇年正月二〇日に吉田兼和が坂本城へ向かった際には、光秀は大変、機嫌が良かったらしい。けれどもこの年もやはり多忙であった。

三月五日に光秀は信濃の武田攻めに出立し、四月七日頃に帰陣していた。坂本から信州までは、片道約一〇日かかるから、信濃にいたのは、実質で一〇日ほどだった。激戦地へ赴くのとは異なる意味で移動時間のほうがはるかに長い、つらい出陣である。

その後、四月二三日には信長から藤孝への書状の使者を務めており(『信長』一〇一五)、さらに五月一四日には安土に逗留する徳川家康の馳走を命じられ、一五日から一七日まで家康の饗応《きょうおう》に従事している。

自身の分国経営と武田攻めへの従軍に加え、遠征先から帰国しても信長の家臣としての細々とした仕事に就かされており、光秀は気を休める暇もなかったようだ。

天正九年から一〇年にかけての光秀の仕事を見てみると、彼の立場からすれば実にバランスが悪い仕事の振り当てられ方であることに気づかされる。丹波・山城・大和の経営などを任され、軍事でも柱となるほどに成長した光秀だったが、時に書状の伝達役や家康の接待役などの仕事も任されるなど、政権枢要にいる人物とはとても思えない細々とした仕事も信長からいいつけられている。

光秀の突出した出世の背景には、人材不足という織田政権の内部事情も伏在していたのも確かであり、この点は織田政権においては、終始変わることはなかった。

織田家中生え抜きで、光秀とともに洛中への段米賦課にあたっていた塙(原田)直政は、光秀同様に武だけでなく内政にも長けた得難い人材であったが、天正四年五月に本願寺攻めの最中に戦死してしまう。

永禄一一年(一五六八)の大和国侵攻では遊山気分で春日社の参詣を行っていた佐久間信盛は天正八年には信長の勘気にふれて、高野山に追放された。光秀の出世もこのような織田家中の人材不足が生み出したものであることは間違いない。

しかし、天正一〇年に入ってからの、光秀に対する信長の指示は、度を越しているように見える。折しも天正八年以降、光秀は湖西と丹波の領国の人々に対して過酷な人夫役賦課を展開していた。しかし、光秀もこのように信長に頤使《いし》されており、過酷な労働奉仕のスパイラルがここに生まれていたのである。

信長の一族優遇策

そして信長は、部将たちに激務を強いる一方、一族を優遇する人材配置を積極的に進めていた。

具体的には、天正四年には息子信忠に尾張・美濃国を与え、またかつて光秀が有していた洛中地子銭《じしせん》も、光秀が京都代官を離任した天正三年以降には、信長の娘「御いぬ」に与えられていたようだ。

要は部将たちを前線に立たせて酷使する一方で、その内側にある整備の済んだ領地は一族に与えていたわけである。信長側室となっていた妹を亡くした光秀は、信長から一族に準ずる扱いも期待できなくなっており、このような状況は間違いなく彼に不満を抱かせただろう。

天正一〇年五月には西国攻めのために、月末に光秀は坂本から亀山に移動している。信長の分国が信濃にまで拡大するに至り、織田家中の部将たちはこの時代としては未曾有の距離の行軍を強いられるようになっていた。そして西国攻めに勝利しても、その行軍の距離がさらに伸びるという事実が訪れるのは、織田家の部将の誰もが多かれ少なかれ意識していたことだろう。

本能寺の変

光秀は二七日に愛宕山へ参籠したあと、二八日に亀山へ帰城している。この時には謀反の気持ちを固めていたに相違ない。

その後、六月一日の夜に光秀は丹波から京都へ向かい、二日未明に本能寺で織田信長を討ち取ることに成功した。本能寺の変である。

軍勢の規模は一万から二万だったといわれているが、そのような大軍が迅速に移動できたのも、信長が推進した道路政策によるところが大きかった。自身が整備し、飛脚《ひきゃく》が何時間で来れるかといった細かい点まで熟知していた道を使って、光秀は亀山城から京都へ向かったのである。

道路整備によって信長の軍隊は迅速な移動が可能になったが、そのことの意味をもっともよく知っていた一人が、光秀であり、彼は本能寺にいた信長を速やかに討ち取ることが

本能寺へ向かう光秀らが通った老ノ坂（亀岡市）

できたのである。

織田信忠を討ち取れたのも幸運だった。『信長公記』によると、本能寺の変で織田信忠が二条屋敷に籠城した際、「御敵、近衛殿御殿へあがり、御構を見下し、弓・鉄炮を以て打入れ」とある。光秀の京宿所も二条にあったから、当然ながら光秀も近衛前久邸と、信長の二条御所が隣接しており、近衛邸を占拠さえすれば落としやすいという構造上の問題も熟知していたはずである。

そして実際に、二条屋敷に籠もっていた信忠も速やかに討ち取ることができたのである。

人心掌握の誤算

光秀は四日には安土に向かい、九日に上洛して上鳥羽《かみとば》へ出陣。一一日には淀城を普請して、付近の地から人足の拠出を求めている。播磨からの秀吉の進軍を阻むためである。

この間に、かつて丹後経営で光秀が助力した長岡藤孝や、やはり大和国経営で力を貸したことがある筒井順慶などに味方になるように要請したが、すげなく断られている。

前年末、家臣団に対して他家からの嫉妬も含んだ視線を感じて、詳細な家中法度を制定した光秀だったが、その彼をしても長岡や筒井の心底には気づかなかったようである。

織田家中の朋輩《ほうばい》だった彼らからの拒絶は、光秀を大いに失望させたと考えられるが、それ以上にこれは現実の戦力配置の上でも痛手だった。

というのも丹後に拠点を構えた長岡の侵攻を阻止するために、光秀の与力として編成されていた丹波国衆たちを現地から離して動員することができなかったからである。

例えば、彼らの一員だった小畠氏などは、信長入京以来、織田方として活動しており、光秀も丹波攻めで戦死した当主の遺児に明智姓を与えるなど配慮の限りを尽くしていたのだが、このように光秀に忠実な与力たちが天王山の戦いに出陣できなかったことは戦力的に大きな損失だっただろう。その後、彼ら丹波国衆たちは、光秀与同の罪に問われることはなく、秀吉の下で旧領を安堵され、近世を迎えることになった。

天王山の戦い

織田家中の朋輩からも見放され、また自身の与力だった丹波国衆も動員することが叶わず、天王山の戦いで光秀に付き従ったのは、斎藤利三に代表される光秀の直接の家臣団のみだった。

天王山より山崎古戦場跡を望む（京都府大山崎町）

しかしそのなかには、同じ光秀直臣団ながらも、少し毛色の違う一団も残されていた。それは光秀の配下として吸収されていた旧幕臣の伊勢家の家臣団である。先に見た通り、幼少の当主の伊勢貞興のもとに集った三上以下の家臣団を庇護し、自身の領国経営に登用したのは光秀だった。本来、官僚の職務を果たす文官だった彼らもまた、戦場にかり出されていたのである。

光秀は六月一二日に、いわゆる大返しでもどってきた羽柴秀吉の軍隊と勝龍寺近辺でまず交戦した。秀吉もまた織田軍の軍事の作法にのっとり、拡幅工事を施した道を通って迅速に京へと戻ってきたのである。

一三日には天王山のふもとの山崎にて合戦が行われ、得意の攻城戦でなかったために敗北した光秀は山科《やましな》・上醍醐《かみだいご》付近まで遁《のが》れるも、同地で死去する。

この合戦の際に、伊勢貞興を筆頭とする伊勢家家臣の多くも戦場で討死しており、ここに室町幕府官僚の系譜を引く人々が歴史の舞台から姿を消すことになった。人材の上からも中世は終わりを迎えたわけだが、光秀は自身が継承した統治のための人材だけは、秀吉に渡さず、道連れにしたのである。

その後、石田三成に代表される秀吉政権の官僚集団が、全く新しい家柄から登用されるなど、ゼロから立ち上げられて政権を切り回していたことは周知の通りである。

それぞれの道

さて、信長が命じた領国内全ての路次を拡幅するという政策は、同時代的に類を見ない政策であった。軍事的には軍隊の移動スピードと領国からの動員規模を大きく変えることになったからである。

その結果、領国内の人材と物資を戦場に大量に投入でき、彼が指向した殲滅戦の実行を可能にしたのである。長篠の合戦以降の織田政権の戦歴はその事実をよく物語っている。

そして、織田家中の部将たちも道路普請を含めた信長からの要求に応えるべく、自身が宛行われた分国の経営を精力的に進めていた。

具体的には、隠田《おんでん》などを認めない厳しい指出の要求や徹底した検地が行われ、中世以来の領有関係を整理・改編する役割を果たしていたのである。その意味で信長の道路政策が、まさしく次の時代への道を作る作業でもあったことがわかるだろう。

しかし光秀はその道を通って本能寺へと向かい、信長を討ち果たしたわけだから、信長が作らせた道は、同時に自身の終末につながる道でもあった。

光秀に誤算があったとすれば、信長の政策をよく理解していたのが自分だけでなかったことである。

本能寺の変後、秀吉はすぐに山崎まで迫る。この行動はのちに「大返し」として喧伝《けんでん》されるが、大軍をいち早く動かすことのできた秀吉が、光秀の前に立ちはだかった。道路政策にはじまる信長の諸政策は、大量の軍隊を迅速に戦地へ向かわせることを可能にしており、彼の作った道は、秀吉にとっては文字通り天下人への道へと続いていた。

光秀は信長のもとでその道を熟知していたが、迅速さで秀吉に及ばなかった。速さで光秀に勝った秀吉は、その後、速やかに天下人への道を駆け上がり、信長が開いた次の時代の扉を大きく開けていくのである。

終章　明智光秀と豊臣秀吉

天下を取りこぼした人物

信長暗殺後に書かれた『多聞院日記』天正一〇年（一五八二）六月一七日条の記事には、光秀に対する同時代人の評言として次のように記されている。

細川ノ兵部太夫（細川藤孝）カ中間ニテアリシヲ引立之、中国ノ名誉ニ信長厚恩ニテコレヲ召遣ハサル、大恩ヲ忘レ曲事ヲ致ス、天命此ノ如シ

後半部分は暗殺に成功しながら、天下を取りこぼした人物に対する定番ともいえる表現だが、注目すべきは前半部分である。光秀はそもそも細川藤孝の中間《ちゅうげん》＝下級の家臣であったと当時の人々に認識されていたのである。

「覚書」では細川藤孝は足利義昭の御供衆《おともしゅう》として挙げられていたから、足軽衆だった光秀とは家格上、両者には大きなひらきがあった。実際に、足利義昭と織田信長の連合政権期には、光秀は藤孝のもとで働くことも多かったのだろう。このような実態が上記の藤孝中間という評言を呼んだのかもしれない。

しかし、このように言われることは光秀にとって最も本意ではなかっただろう。そもそも彼自身、家柄としては「尊氏御判御直書等」を所有する御家人という意識が強かったからである。そして藤孝との関係でいえば、藤孝が拝領した丹後国の経営を指導していたから、明らかに光秀のほうが部将としても上位にあった。だからいつまでも中間ではないというのが、彼の本音であったと想像できる。身分の壁である。

牢人医師から下久世荘領主、宇佐山城主という一城の主を経て、戦国大名に匹敵する経済力を有するともいわれる延暦寺領も手中にした坂本城主への道は異例の出世だった。そのあいだに一族、御妻木殿も信長の側室として、光秀の活躍を下支えしていたから、なかなか越えられない身分の壁はあったものの、前途に懸念はなかったはずである。

再び直面した身分の壁

しかし、同じころ新参者の光秀に大きな活躍の場を与えていた織田政権の組織にも変化が生まれつつあった。具体的には信長の息子や娘に整備された領地を与える一族優先策をとり、一族とそれ以外の立場の違いを明確にしはじめていた。

そしてこの動きは、織田政権の組織のあり方にも変容を与えた、織田一族に連なる、重代の家臣、直属の家臣たちの権威も高めていた。一族を中心に織田家中が序列化されており、その意味で組織の自由な雰囲気は失われ、硬直化しつつあったのである。

このように変質しつつあった織田政権の序列にあって、側室として御妻木殿が仕えていたことの意味は大きかっただろう。一門に準じた待遇が期待できたからである。しかし彼女が死去したことで、一族・一門を中心に再編されつつあった流れから、光秀は取り残されることになった。

御妻木殿没後に作成された家中軍法では、信長の「御宿老衆・御馬廻衆」に対する過剰なまでの配慮が読み取れるが、そこにはかつて部下に「信長」と呼ばせていた織田家中の自由な雰囲気は微塵も感じられない。ここでまた彼は身分の壁に直面していたのであり、本能寺の変とは、それを乗り越えるための大きな試みだったとも言えるのである。

指出の光秀・検地の秀吉

光秀と秀吉の政治家としての資質の違いを、指出の光秀と検地の秀吉というかたちで表現できるかも知れない。

指出も検地も土地調査の方法の一つであり、先に述べた通り、前者が現地からの報告に基づき、土地台帳を作成するのに対して、後者は現地に赴いて、調査した上で土地台帳を作成するというのが原則である。

指出の長所は、検地と比べて迅速に土地台帳が作成できる点であり、検地の長所は現地に臨んだだけあって、しっかりした土地の把握ができる点にある。

これはまた両者の短所も暗示しており、指出の場合、提出された書類の様式や体裁がバラバラで不徹底なものができやすく、一方の検地は膨大な時間と労力がかかるといった具合である。

もちろん両者は截然《せつぜん》と区別できない場合もあるが、信長の軍備拡大の指示を受けて、どうやら光秀は原則的に指出で、秀吉は検地でノルマを達成しようとしていたらしいのである。

このように見ると、光秀の領国支配は、指出の短所を補うようなかたちで進められたともいえるだろう。すなわち、様式や体裁をできるだけ整えるために、統一した枡を用い、かつ軍法や家中法度といった厳格なルールの策定に意を注いだのである。

これは、光秀の政治手法にも通じている。興福寺と東大寺の裁判にあたって、光秀が結局のところ、大和国に直接、赴かず、家臣藤田伝五の報告と、信長の当知行安堵方針に基づき判決を下したことは先に見た通りである。

また丹波攻略も自ら陣頭に立たずに達成していた。このように、膨大な業務を効率よくこなすために現地に行く手間を省く傾向にあった光秀の行政手法からすれば、彼が土地調査の方法として、指出を選択したというのも見やすい図式ではあるだろう。

一方、秀吉の検地はどうだったのだろうか。彼が天正八年以降に、部分的ながらも領国内の土地調査に検地を行っていた事実が、近年、太閤検地《たいこうけんち》の原型としてあらためて注目されている。

その背景には、天正八年以降の信長の西国攻めの号令があったと考えられるが、太閤検地が、一反《たん》＝三〇〇歩と計算しやすい数値に単位をあらためるラディカルなものだったのに対して、天正八年の検地は、従来通りの一反＝三六〇歩方式を採用するなど、実際には現状を追認した、いまだ素朴な内容の検地だった。

しかし、だからこそというべきだろう。検地に伴う膨大な作業をこなすなかで、秀吉とその家臣団は、太閤検地という、行政的に洗練された統治手法を編み出したのである。

両者の行政的な気質の違いをこのように表現したところで、では光秀を斃《たお》し、天下人への道を進みはじめた秀吉において、光秀が結局のところ乗り越えられなかった、この身分の問題はどうだったのだろうか。

彼が関白となり、豊臣姓を名乗り、家臣団を独自の身分秩序のもとで序列化していったことは、豊臣政権の展開をめぐる政治過程のなかでよく知られている。

以上のような作業を経て、彼は中世の身分制度を換骨奪胎《かんこつだったい》するかたちで乗り越えていったが、これはまた中世的な秩序全般を克服するために避けられない作業でもあった。検地を選択した秀吉は、そこから太閤検地を生み出したように、粘り強くかつ大胆に中世の壁を破っていったのである。

あとがき

筆者が京都大学の助手だった二〇〇四年九月頃、藤井讓治先生から、『織豊期主要人物居所集成』のもととなった科研費プロジェクトのお誘いをいただいた。担当する人物は、足利義昭、細川藤孝、明智光秀の三名で、前二者はこれまで進めてきていた室町時代研究の延長線上のはなしのような気がしたが、光秀には全く興味関心がなかったので、また変わった人物をあてられたものだと思ったことを覚えている。

ところが、作業に入ってみると、光秀と彼のいた織田政権の研究は面白かった。プロジェクトでは、一六・一七世紀研究の初心者としてご心配をおかけしたが、担当分の原稿と二〇一〇年には「織田信長の畿内支配」という論文まで完成させることができた。研究のきっかけを与えて下さった藤井先生にはこの場をかりてあらためてお礼を申し上げたい。

プロジェクト終了後も、織豊期の論文と史料に目配りをする習慣がついたのもよかった。二〇一六年三月に東京大学史料編纂所で室町期の史料を探して写真帳をめくっていると、「惟任」と「自慢」の文字が目に飛び込んできた。そもそもくずし字で「自慢」という文字を見たのもはじめてだったから、てっきり後世の編纂ものかと思っていたら、意外なことに同時代史料だった。それが「戒和上昔今禄」であり、一一ヶ月後の二〇一七年二月には活字化していたことからも、この時の筆者の興奮ぶりが伝わると思う。

これらの出会いの先に、本書の刊行があるわけだが、二〇一八年八月に『徳政令』（講談社現代新書）、二〇一九年五月に編著『中近世武家菩提寺の研究』（小さ子社）を刊行してという仕事の流れは正直、大変だった。

本書完成の前提には、新人物往来社に勤めておられた本多秀臣氏（現山川出版社）からの折に触れての原稿依頼のあったことが大きく、それらは本書執筆の礎《いしづえ》となった。また、史料の入力、年表作成、原稿の校正では京都女子大学大学院生の林原由美子、檀上遼、植村沙彩、郷原綾乃各氏の協力を得、『医書大全』奥書の読みに関しては京都女子大学教員の箱田恵子氏から助言をいただいている。

もちろん全ての文責は筆者にあるが、本書を公にできたのも各位からのご助力のおかげである。この一年は特に大変だったが、この時期を支えてくれた家族に感謝したい。

一〇月一〇日

早島大祐

参考文献

・池享「武家官位制の創出」『戦国・織豊期の武家と天皇』校倉書房、二〇〇三年、初出は一九九三年
・今谷明『言継卿記』そしえて、一九八〇年
・岡本真「『堺渡唐船』と戦国期の遣明船派遣」『史学雑誌』一二四-四、二〇一五年
・勝俣鎮夫「戦国時代の女性と家二題」『中世社会の基層をさぐる』山川出版社、二〇一一年、初出は二〇〇三年
・亀岡市文化資料館編『明智光秀と丹波・亀岡』一九九〇年
・加茂郷文書研究会「山城国相楽郡の土豪と文書」『史敏』一二、二〇一四年
・北垣聰一郎『石垣普請』法政大学出版局、一九八七年
・京都府立丹後郷土資料館編『細川幽斎と丹後』一九九二年
・久保尾俊郎「阿佐井野宗瑞と『医書大全』の出版」『早稲田大学図書館紀要』四二、一九九五年
・久留島典子『一揆と戦国大名』講談社、二〇〇一年
・黒嶋敏「足利義昭の政権構想――『光源院殿御代当参衆并足軽以下覚書』を読む」『中世の権力と列島』高志書院、二〇一二年、初出は二〇〇四年

・小林美穂「中世における武士の愛宕信仰」『三重大史学』四、二〇〇四年
・新村拓『日本医療社会史の研究』法政大学出版局、一九八五年
・平雅行「中世仏教における呪術性と合理性」『国立歴史民俗博物館研究報告』一五七、二〇一〇年
・高梨真行「永禄政変後の室町幕府政所と摂津晴門・伊勢貞興の動向」『東京国立博物館研究誌』五九二、二〇〇四年
・高梨真行「戦国期室町将軍と門跡」『中世の寺院と都市・権力』五味文彦・菊池大樹編、山川出版社、二〇〇七年
・高柳光寿『明智光秀』吉川弘文館、一九五八年
・田中尚子「月舟寿桂と医学」『室町の学問と知の継承』勉誠出版、二〇一七年、初出は二〇一三年
・谷口克広『検証 本能寺の変』吉川弘文館、二〇〇七年
・谷口克広『信長の天下所司代』中公新書、二〇〇九年
・谷口研語『明智光秀』洋泉社、二〇一四年
・土田将雄『続細川幽斎の研究』笠間書院、一九九四年
・中野等『太閤検地』中公新書、二〇一九年
・早島大祐「織田信長の畿内支配」『日本史研究』五六五、二〇〇九年
・早島大祐「『戒和上昔今禄』と織田政権の寺社訴訟制度」『史窓』七四、二〇一七年
・平出真宣「戦国期政治権力論の展開と課題」『室町・戦国期研究を読みなおす』中世後期研究会

編、思文閣出版、二〇〇七年
・福島克彦「織豊系城郭の地域的展開」『中世城郭研究論集』村田修三編、新人物往来社、一九九〇年
・福島克彦「明智光秀と小畠永明」『明智光秀』藤田達生・福島克彦編、八木書店、二〇一五年
・福島克彦『明智光秀と近江・丹波』サンライズ出版、二〇一九年
・前田徹「天正八年十月二十四日付け播磨国飾東郡緋田村検地帳写」『塵界』一二〇、二〇一九年
・村井祐樹「史料紹介　東京大学史料編纂所所蔵『中務大輔家久公御上京日記』」『東京大学史料編纂所研究紀要』一六号、二〇〇六年
・村井祐樹「幻の信長上洛作戦」『古文書研究』七八、二〇一四年
・横田冬彦「医学的な知をめぐって」『日本近世書物文化史の研究』岩波書店、二〇一八年、初出は一九九八年

関連年表

年	月	日	明智光秀の居所と行動	典拠
永禄11年（1568）	7月	下旬	**信長、足利義昭を岐阜に迎える**	
	9月		将軍足利義昭上洛に従い入京	
	10月	10日	大和進攻。公方方大将として出陣した細川藤孝と和田惟政に従軍したか	『多聞院日記』
永禄12年（1569）	1月	5日	**三好長逸・政康、石成友通の三好三人衆が六条本圀寺の義昭を攻める（光秀も防戦）**	『信長公記』
	2月	29日	村井貞勝・日乗上人と連署で文書発給	『近衛家文書』
	3月		**山城・摂津・大和に撰銭令を出す**	
	4月	16日～18日	丹羽長秀・木下秀吉・中川重政とともに文書発給にあたる、年末まで	『沢文書』、『信長』
元亀元年（1570）	正月	23日	**信長、5カ条の条書で足利義昭を非難**	
	3月	6日	信長の命により、日乗上人とともに公家衆に知行地一覧を提出させる	『言継卿記』
		21日	連歌会に参加	土田将雄『続細川幽斎の研究』
		22日	木下秀吉・丹羽長秀・中川重政とともに曇華院領山城大住荘の相論裁許	『信長』
	4月	10日	足利義昭の命で山城下久世荘の一職支配を認められる	『東寺百合文書』ひ函
	5月	9日	越前朝倉攻めに出陣	「光秀」11

年	月	日	事項	出典
	6月	28日	**信長・家康、姉川の戦いで浅井・朝倉軍を破る**	
	8月		三好・本願寺攻めで信長に帯同	
	9月	20日	**近江宇佐山城の森可成、浅井・朝倉軍と戦い討死**	
		21日	村井貞勝・柴田勝家とともに入洛する	『言継卿記』
		24日	信長の坂本出陣に帯同	『言継卿記』
		26日	帰京	『言継卿記』
	12月		信長、朝倉・浅井軍と和睦	
	年末		9月の朝倉・浅井戦で戦死した森可成の代わりに宇佐山城に入城したか	
元亀2年（1571）	1月	6日	光秀使者として赤塚・寺内・寺元・赤利が吉田兼和邸訪問	『兼見卿記』
		21日	吉田兼和が宇佐山城の光秀を見舞う	『兼見卿記』
	2月	19日	吉田兼和に人足25人を求める	
	7月	3日	上洛、同晩宇佐山へ帰城	『元亀二年記』
		4日	上洛	『元亀二年記』
	9月	12日	**延暦寺焼き討ち。**光秀も参戦し仰木谷から侵攻、焼き討ちののち山門領が与えられる	「光秀」13、今谷明『言継卿記』
		24日	摂津高槻に出陣	『言継卿記』
		30日	嶋田秀満・塙直政・松田秀雄らとともに公武用途調達のために段別一升の段米を洛中に賦課	「光秀」14・19
	10月	15日	嶋田秀満・塙直政・松田秀雄らとともに禁裏賄料として洛中貸し付けにあたる、実務担当の責任者であったか	「光秀」20
			甘露寺経元宛女房奉書に山門末寺と号し廬山寺領を押領	「廬山寺文書」
	12月	10日	山門領と号して青蓮院・妙法院・曼珠院門跡領を押領	『言継卿記』

		20日	足利義昭の譴責を受け、義昭側近曾我助乗へ下京壺底分地子銭や鞍を与えて取りなしを依頼	『細川家文書』
		29日	岐阜におり、細川藤孝とともに織田信長から茶席に呼ばれる	『言継卿記』
元亀3年（1572）	1月	19日	光秀使者が吉田兼和に年頭の礼（このころ帰陣か）	『兼見卿記』
	閏1月	6日	坂本城建設に着手	『兼見卿記』
	3月		朝倉攻めで和邇に詰める	『信長公記』
	4月	16日	反旗を翻した三好義継・松永久秀攻撃のため、河内へ転戦	『兼見卿記』、『増訂信長』
	5月	9日	義昭昵懇の光浄院暹慶を「上山城守護職」に任命する等、戦後処理を行う	『兼見卿記』
		11日	光秀を含む出陣衆全員が帰陣	『兼見卿記』
		19日	近江高嶋へ出陣し、この日坂本へ帰陣	『細川家文書』、「光秀」25
	7月		北近江攻めを再開、湖西から進軍、浅井郡天台系寺院大吉寺焼き討ちのさいに光秀は湖上で水上戦を展開	『信長公記』
	9月	15日	上洛、医師徳雲軒（施薬院）全宗の許に逗留（その後坂本城に帰城か）	『兼見卿記』
	12月	22日	吉田兼和が坂本の光秀を見舞う	『兼見卿記』
		24日	坂本城落成	
天正元年（1573）	2月	6日	足利義昭が信長に反旗を翻したことに呼応して、山城岩倉の山本・渡辺・磯谷が光秀から離反	『兼見卿記』
		29日	近江今堅田の城を攻め、落城させる（光秀軍も18名の犠牲者）	『兼見卿記』、『明智光秀と丹波・亀岡』
	3月	30日	賀茂に陣を布く	
	4月	2日	一帯を焼き払う	

年	月	日	事項	出典
		27日	信長と足利義昭が和与	
		28日	今堅田攻略の軍忠として大津の船大工三郎左衛門に諸役免除特権を与える（当日、帰城していたか）	『信長』
	5月	24日	大津西教寺に先の今堅田攻めで戦没した配下の霊供を寄進	『西教寺文書』、「光秀」31
	6月	28日	吉田兼和が坂本を訪れ「天主之下」に建てた小座敷で蓮歌を行う（天主は前年末の大改修のさいに建築か）	『兼見卿記』
	7月	3日	**足利義昭が再度蜂起**	
		12日	東寺が信長と光秀に音信（光秀は信長と行動）	『教王護国寺文書』
		18日	**足利義昭が槇島城から没落**、のち転戦	『兼見卿記』
		22日	光秀へ木戸・田中城が与えられる	『信長公記』
		24日	静原郷の山本対馬守を攻める	『兼見卿記』
	8月	10日	**信長、浅井・朝倉攻めに出馬**	
		19日	当日付の光秀・羽柴秀吉・滝川一益の安堵状が残る（この時まで越前に在陣か）	『瀧谷寺文書』
		20日	**朝倉義景敗死、浅井陥落**	
		28日	羽柴秀吉・滝川一益らとともに越前織田大明神に当知行安堵	「光秀」33
	9月	1日	坂本城へ9月末までに帰城	
			小谷城の浅井長政自刃し浅井氏滅亡	
	12月	16日	当月中には村井貞勝と両名で京都代官として職務を執りはじめたか（天正3年7月まで）	「光秀」43
天正2年（1574）	1月	11日	松永久秀開城後の多聞山城に留守番として入城	『多聞院日記』
	2月	4日	当日まで多聞山城で美濃国生津庄に関する相論裁許に当たる	『石清水八幡宮文書』
		5日	**武田勝頼の東美濃岩村城侵攻を受けて、信長出陣**	

		18日	美濃出陣の陣容を多聞山城にいる細川藤孝に伝える	「尋慶記」
		24日	信長、岐阜に帰陣（この前後に光秀も坂本へ帰還か）	『信長公記』
	3月	28日	**信長、東大寺正倉院の名香蘭奢待を切り取る**	
	7月	6日	光秀、坂本城で自害した三淵藤英・秋豪親子の検死に関与か	「年代記抄節」
		8日	光秀、尾張美濃の商人司伊藤宗十郎に坂本辺の唐人方回呉服方商売役を与える	「光秀」49
	8月	3日	本願寺光佐の蜂起以降、7月の信長の伊勢長島一向一揆攻めの摂津方面軍の後詰めとして、鳥羽近辺に在陣	『信長』
	9月		細川藤孝と摂津・河内を転戦	『大日本史料』
		18日	河内・大和国境の飯盛山で一揆を討ち取る	『大日本史料』
		29日	**長島一向一揆を殲滅する**	
	10月	19日	細川藤孝が攝津へ着陣（この軍に光秀も帯同したか）	『大日本史料』
	11月	13日～16日	「信長人数」が河内から大和に、光秀も大和入り、「信長衆」帰陣、光秀も当日坂本へ帰陣したか	『多聞院日記』、「光源院文書」
	閏11月		**分国に道路整備を命じる**	
	12月	21日	村井貞勝と連署で京都代官として賀茂社領の安堵状を出す	「光秀」54
天正3年（1575）	3月	14日	**門跡・公家を対象とする徳政令を出す**	
	4月	4日	前年来の一向一揆攻めから、その一角である三好康長攻めの先駆けとして河内へ出陣、河内陣では信長に帯同	『信長』
		14日	青蓮院への信長書状を伝達	『信長』
		28日	河内高屋城陥落後、信長上洛（光秀も帯同したか）	
	5月	13日	**信長、再度侵攻してきた武田勝頼を迎え討つため岐阜城出立**	
		14日	上洛していた島津家久一行を坂本城でもてなす	「中務大輔家久公御上京日記」

		17日	大和国衆が鉄砲衆として奈良出立（この頃までに光秀も長篠に向かったか）	『多聞院日記』
		21日	**長篠の合戦、武田勝頼軍に大勝する**	
		24日	坂本に帰城、吉田兼和の見舞いを受け信長の感状を見せる	『兼見卿記』
	7月	3日	光秀、信長の推挙で惟任へ改姓、日向守に任官（以後、惟任日向守光秀）	
		10日	信長、越前一向一揆攻めに出陣、光秀は信長に遅れ出陣	『兼見卿記』
		26日	丹波出陣の予定を小畠に告げる	「光秀」59
	8月	14日	吉田兼和と坂本で音信	『兼見卿記』
		15日	越前参陣	『信長』
		16日	**越前一向一揆平定**	
		23日	降伏した加賀国「面々」の引き受けに同国へ向かう	「光秀」60
	9月		**信長、光秀に丹波平定を命じる**	
		16日	越前豊原に在陣	「光秀」62
		24日	坂本に帰る	『信長』補遺163
	10月	1日	6月に示唆されていた光秀を大将とする丹波攻めが開始される	『信長』
		8日	丹波に着陣、戦況を信長に伝える（以後、正月をまたいで在陣）	『信長』
	12月	2日	光秀、丹波国内に徳政令を発令する	「光秀」67
天正4年（1576）	1月	中旬	**安土城築城**	
		14日	波多野秀治の反乱により敗戦	『兼見卿記』
		21日	白川を経て坂本へ帰陣	『兼見卿記』

	2月	18日	再び丹波へ下向、20日付で「氷上表」での曽根村百姓の働きを褒して諸役免除	『兼見卿記』、「光秀」69
	4月	3日	信長、本願寺の再蜂起を受けて、当日までに光秀・細川藤孝らを大阪攻めに派遣	『兼見卿記』
		14日	坂本を発し河内平野に在陣	『兼見卿記』
	5月	3日	大坂攻めでの大和「守護」の原田備中守直政死後、筒井順慶が大和を管轄する旨を万見仙千代とともに大和へ来て伝達	『多聞院日記』
		23日	相次ぐ激戦の故か所労を理由に帰京、曲直瀬正盛邸で療養	『兼見卿記』
	7月	14日	吉田兼和が坂本の光秀を見舞う（この頃には帰城）	『兼見卿記』
	10月	27日	「女房衆所労」のために上京（11月2日まで）	『兼見卿記』
天正5年（1577）	1月	30日	光秀、亀山城普請を命令	「光秀」71
	2月		信長、雑賀攻め開始、先陣として光秀・長岡藤孝・荒木村重が根来表まで出陣	『増訂信長』
		22日	浜方・山方と軍を分ける中、光秀と長岡藤孝および筒井順慶らが海上から雑賀に迫った	『信長公記』
	6月	12日	雑賀五郎・土橋平尉宛光秀書状で信長への謁見を求める（この時まで雑賀攻めの戦後処理を行っていた）	『増訂信長』
	7月	27日	雑賀衆が再蜂起、光秀に軍勢を添えるべきと現地から報告（光秀は南和泉に駐屯していたか）	『増訂信長』
	8月	17日	**松永久秀父子、信長に背いて大和信貴山城に立て籠もる**	
	9月	14日	上洛し徳雲軒邸に逗留	『兼見卿記』、『信長公記』
		27日	近江来迎寺に寺領を寄進	「光秀」72
	10月	1日	信貴山城で松永久秀と合戦	

		10日	信貴山城を落城させる	
		29日	丹波籾井城へ向かう	『兼見卿記』
	11月		**信長、従二位、ついで右大臣となる**	
		18日	信長、突如鷹狩りを行い、分国大名が帯同する（光秀も加わるか）	『兼見卿記』
	12月	2日	里村紹巴邸で連歌予定も信長の大和下向命令を受け延期	「戒和上昔今禄」
		3日	光秀、坂本へ下向、大和へは飛脚を送る	「戒和上昔今禄」
		4日	光秀、坂本藤田伝五邸にて、興福寺僧らに東大寺との裁判の勝訴を言い渡す	「戒和上昔今禄」
天正6年（1578）	1月	1日	安土で年賀に参加	『信長公記』
		11日	茶会を催す	「宗及茶会記」
		29日	湖西の伊藤同名中に鵜川の開作を命じる	「光秀」74
	3月	9日	藤孝と坂本で面会	『兼見卿記』
	4月	9日	**信長、右大臣・右大将を辞任**	
		10日	滝川一益らと丹波へ出陣	『信長公記』
		下旬	播磨上月城の援護に向かう	『信長公記』
	5月		明石着陣	「光秀」75
	8月		長岡忠興に娘を嫁がせる	「細川家記」
	9月	7日	坂本で吉田兼和と蓮歌を催す	『兼見卿記』
		11日	坂本で吉田兼和と蓮歌を催す	『兼見卿記』
		13日	当日付津田加賀守宛光秀書状に翌14日に亀山着陣と記される	「光秀」77
		14日	亀岡に着陣したか	『新修亀岡市史資料編第2巻』

			禁制を発給	「光秀」78
	10月	17日	**荒木村重が反乱**	
		25日	長岡藤孝ら摂津方面軍の援軍として派遣される	『信長』
	11月	6日	光秀、荒木村重と対峙していた滝川一益のもとへ信長の使者として訪れる	『信長』
		11日	同月3日付佐竹出羽守宛光秀書状に、信長が12日に摂津に着陣するために前日に光秀も摂津入りすると述べられている	「光秀」80
		30日	当日まで長岡藤孝の後詰めとして相談している	『信長』
			当月中は丹波方面は家臣に任せ、丹波に駐屯していた小畠氏などに付城の守備などを指示している	「光秀」82
	12月	8日	羽柴秀吉・佐久間信盛・筒井順慶らと有馬三田城に入り摂津方面に出陣、同時に三木城への攻撃用意を行う	『信長公記』
		21日	八上城のある多紀郡へ入る	「光秀」84
			その後八上城へ向かい攻防戦の布陣をしく	『信長公記』
天正7年（1579）	2月		当月一杯は坂本に滞在	『兼見卿記』
		28日	丹波亀山に出陣	『兼見卿記』
	4月	4日	和田弥十郎宛光秀書状に「はや籠城之輩四五百人も餓死候」と記し、八上城陥落後、即座に丹後へ攻め入る旨を記す	「光秀」90
	6月	2日	八上城落城、のち連続しての行軍はなし	『兼見卿記』
			光秀に降伏した八上城の波多野秀治兄弟を安土で磔に処す	
		20日	信長、上洛（これにあわせて一旦帰城したか）	『信長公記』
		22日	坂本へ帰城	『兼見卿記』
		24日	大和吉野に出陣	『兼見卿記』

	7月	19日	丹波宇津城を落とす	『信長公記』
		24日	当日付小畠左馬進宛光秀書状に、26日に桐野河内に着陣予定とあり	「光秀」91
		中旬	丹波・丹後攻めを再開	
	8月	9日	黒井城陥落	『信長公記』
		24日	黒井城主赤井五郎忠家成敗につき、氷上郡の寺庵以下の還住を命じる	「光秀」92
	9月	22日	国領城陥落	「光秀」94
	10月	12日	丹波加伊原にて新城の築城にあたる	『兼見卿記』
		24日	丹波・丹後平定の報告、丹波拝領の礼に安土の信長を訪れる	『信長公記』
	11月	22日	誠仁親王の二条御所移徙に細川藤孝らと警固にあたる	『綿考輯録』
天正8年（1580）	2月	13日	天寧寺に諸役免除（この時には丹波入り）	「光秀」95
	3月	17日	**信長、本願寺との和議に関し、7ヵ条の覚書を示し、惣赦免などを約束する**	
	閏3月	13日	当日から坂本城普請開始、出陣に向けて領国の富国化と城郭の改修を行う	『兼見卿記』
	4月	6日	柏木左九右衛門ほか宛判物写に、山城賀茂荘の在地領主らに年貢1200石並夫役負担と引き替えに知行安堵	「光秀」96
		9日	**顕如ら大坂より退去**	
			上山城が光秀の下に軍団配置か	
	7月		宮田市場に喧嘩・口論・押買や国質・所質・請取沙汰を禁止、市日を4・8・12・17・21・26日に定める	「光秀」98
	8月		長岡藤孝が丹後国を拝領、その補佐として光秀同道	『信長』

年	月	日	事項	出典
			信長、佐久間信盛父子を追放、ついで林秀貞・安藤守就父子・丹羽氏勝を追放	
		17日	光秀・長岡藤孝・細川忠興連署で禁制発給	「光秀」99
		22日	長岡藤孝と光秀が丹後の「吉原西雲」を討ち果たす	『信長』
	9月		滝川一益と大和一国指出を行い、翌年の馬揃では光秀麾下として筒井・上山城衆・大和衆が登場	『信長公記』
		2日	長岡藤孝が丹後拝領の礼のために安土を訪れる、光秀もこの時までに亀山城か坂本に帰陣していたか	
		9日	井尻助大夫に船井郡内250石4斗余りを新恩として給与（光秀、この時丹後に滞在）	「光秀」101
		25日	**信長、光秀・滝川一益を大和に派遣し、所領の指出を提出させる**	「光秀」102・103
	11月	2日	大和から坂本へ帰還	『多聞院日記』『保井家文書』など
		7日	**信長、筒井順慶に大和国を宛行い、郡山城を居城とさせる**	
		14日	吉田兼和の見舞いを受ける	『兼見卿記』
天正9年（1581）			**この年、光秀・長岡藤孝、丹後で検地を行う**	
	1月	6日	坂本で連歌興行、長岡藤孝も参加	『続幽斎』
	2月	28日	京都馬揃えの代官に任命される。当日は三番衆として大和・山城衆を引き連れ参加	『信長公記』
	3月	5日	細川兵部大輔宛信長朱印状で丹後国一国指出を行うよう指示	『信長』
	4月	12日	細川藤孝らと天橋立で連歌の後、宇津へ向かう	『続幽斎』
		17日	宇津から城井戸を掘るために河原者の派遣を兼和に依頼	『兼見卿記』
		18日	当日付で亀山城普請に関して指示を送る	「光秀」105

	5月～6月		丹波から指出を提出させる	「片山家文書」『新修亀岡市史資料編第2巻』
	6月	2日	明智光秀軍法を制定	「光秀」107・108
		21日	法度に違反した土豪を成敗	「光秀」109
	8月	6日ごろ	信長側室である妹、「御ツマキ」の死去に落胆	『多聞院日記』
		17日	郡山城普請見舞いに奈良を訪れる	『多聞院日記』
		21日	帰国（帰国先は丹波か）	『多聞院日記』
	9月	4日	丹後国一色氏旧領分を預け置かれる	『信長』
	12月	4日	光秀家中法度を作成	「光秀」112
			宇津領内年貢の請取を自身で発給	「光秀」111
天正10年（1582）	1月	6日	安土城に参上	「蓮成院記録」
		20日	吉田兼和、坂本城に向かう（光秀の機嫌の良さが記される）	『兼見卿記』
	2月	9日	信濃出陣用意を命じられる	『信長公記』
	3月	5日	信濃に出立	『多聞院日記』
		11日	**武田氏滅亡**	
	4月	7日	東国出陣衆が帰国（光秀も帰国か）	『多聞院日記』
		23日	信長から長岡藤孝への書状の使者（東国から直接、坂本へ帰らず一旦、安土に滞在していたためか）	『信長』
	5月	7日	**織田信孝に、四国出兵の指示を出す**	
		14日	安土に逗留する徳川家康の馳走を命じられる	『兼見卿記』
		15日～17日	饗応	『兼見卿記』、『信長公記』

		26日	中国出陣のために坂本から亀山に移動	『信長公記』
		27日	愛宕山へ参籠	『信長公記』
		28日	亀山に帰城	『信長公記』
	6月	1日	夜に丹波から京都へ向かう	『兼見卿記』など
		2日	未明に本能寺にて織田信長を討ち取る	『兼見卿記』など
		3日	近江へ入る	『兼見卿記』など
		4日	安土へ向かう	『兼見卿記』など
		9日	上洛、上鳥羽へ出陣	『兼見卿記』など
		11日	淀城普請	『兼見卿記』など
		12日	白河・浄土寺・聖護院の人足を求める	『兼見卿記』など
			勝龍寺近辺で鉄砲戦	『兼見卿記』など
		13日	天王山・山崎で合戦、敗れて山科・上醍醐付近で死去	『兼見卿記』など

早島大祐　はやしま・だいすけ
1971年生まれ。関西学院大学教授。
京都大学大学院文学研究科博士後期課程指導認定退学。
京都大学博士(文学)。専門は日本中世史。
著書に『徳政令——なぜ借金は返さなければならないのか』
(講談社現代新書)、
『足軽の誕生——室町時代の光と影』(朝日選書)、
『室町幕府論』(講談社選書メチエ)など。

NHK出版新書 608

明智光秀
牢人医師はなぜ謀反人となったか

2019年11月10日　第1刷発行

著者　早島大祐　©2019 Hayashima Daisuke
発行者　森永公紀
発行所　NHK出版
〒150-8081 東京都渋谷区宇田川町41-1
電話 (0570) 002-247(編集) (0570) 000-321(注文)
http://www.nhk-book.co.jp (ホームページ)
振替 00110-1-49701

ブックデザイン　albireo
印刷　壮光舎印刷・近代美術
製本　二葉製本

Printed in Japan ISBN978-4-14-088608-3 C0221

NHK出版新書好評既刊

ふしぎな鉄道路線
「戦争」と「地形」で解きほぐす

竹内正浩

東京〜京都の鉄道は東海道経由じゃなかった？ 山陽本線の難所「瀬野八」誕生の理由は？ 九州の幻の巨大駅とは？ 史料と地図で徹底的に深掘り！

592

明るい不登校
創造性は「学校」外でひらく

奥地圭子

不登校に悩む親子の駆け込み寺・東京シューレの創始者が、変化する現状を的確に描き、不登校経験者の豊かな将来像を経験に基づき説得的に示す。

593

救急車が来なくなる日
医療崩壊と再生への道

笹井恵里子

119番ではもう助からない!? 都心の大病院から離島唯一の病院までを駆け巡ったジャーナリストが、救急医療のリアルと一筋の希望をレポートする。

594

幸福な監視国家・中国

梶谷 懐
高口康太

習近平政権のテクノロジーによる統治が始まった。なぜ大都市に次々と「お行儀のいい社会」が誕生しているのか!? その深層に徹底的に迫る一冊！

595

8050問題の深層
「限界家族」をどう救うか

川北 稔

若者や中高年のひきこもりを長年研究してきた社会学者が、知られざる8050問題の実相を明らかにし、従来の支援の枠を超えた提言を行う。

596

革命と戦争のクラシック音楽史

片山杜秀

優美で軽やかなモーツァルトも軍歌を作っていた？ 「第九」を作ったのはナポレオン？ 世界史と音楽史が自在に交差する白熱講義！

597

NHK出版新書好評既刊

残酷な進化論
なぜ私たちは「不完全」なのか
更科 功
心臓病・腰痛・難産になるよう、ヒトは進化した！『絶滅の人類史』の著者が最新研究から人体進化の不都合な真実に迫る、知的エンターテインメント！
604

親の脳を癒やせば子どもの脳は変わる
友田明美
親の脳も傷ついていた。脳研究に携わる小児精神科医が、脳とこころを傷つけずに子どもと向き合う方法を最新の科学的知見に基づいて解説する。
605

森保ジャパン 世界で勝つための条件
日本代表監督論
後藤健生
新生サッカー日本代表「森保ジャパン」が世界の壁を突破するためには、何が必要なのか？ 代表監督の系譜から考える。歴代監督12人の独自採点付き。
606

証言 治安維持法
「検挙者10万人の記録」が明かす真実
NHK「ETV特集」取材班［著］
荻野富士夫［監修］
1925年から20年間にわたって運用された治安維持法。当事者の生々しい肉声と検挙者数のデータから、その実態に迫った「ETV特集」の書籍化。
607

明智光秀
牢人医師はなぜ謀反人となったか
早島大祐
文武兼ね備えたエリート武将は、いかに本能寺の変へと追い詰められたか。気鋭の中世史家が最新の研究成果を踏まえ、諸説を排し実証的に迫る渾身作！
608